QUANDO A POLÍTICA VALE A PENA

Aécio Neves

QUANDO A POLÍTICA VALE A PENA

LeYa

RARA

Este livro foi revisado segundo o Novo Acordo Ortográfico da Língua Portuguesa.

Curadoria
Ricardo Amaral

Projeto gráfico de capa e miolo
Sérgio Campante

Diagramação
Abreu's System

Foto de capa
J. R. Duran / Abril Comunicações S/A

Fotos de miolo
Pp. 8, 14, 20, 64, 68, 74, 82, 88, 94, 98, 104, 110, 116, 124 © Acervo do autor;
Pp. 36, 42, 48, 120 © D.A Press; Pp. 58, 134 © Agência O Globo.

CIP-BRASIL. CATALOGAÇÃO NA PUBLICAÇÃO
SINDICATO NACIONAL DOS EDITORES DE LIVROS, RJ

N422a

Neves, Aécio
Aécio Neves : quando a política vale a pena/ Aécio Neves. - 1. ed. - Rio de Janeiro : Casa da Palavra, 2014.
144 p. : il. ; 23 cm.

ISBN 978-85-7734-503-8

1. Neves, Aécio, 1960-. 2. Políticos - Brasil - Biografia. 2. Brasil - Política e governo. I. Título.

14-15433 CDD: 923.2
CDU: 929:32(81)

27/08/2014 03/09/2014

CASA DA PALAVRA PRODUÇÃO EDITORIAL
Av. Calógeras, 6, 701 – Rio de Janeiro – RJ – 20030-070
21.2222 3167 21.2224 7461
divulga@casadapalavra.com.br
www.casadapalavra.com.br

Sumário

1. Tancredo 9
2. Minha jornada 15
3. Minhas origens 21
4. Mudança 27
5. Meu aprendizado 31
6. Lição de arquitetura 37
7. O trauma de uma nação 43
8. Em nome do povo 49
9. Novo caminho 55
10. No Parlamento 59
11. As escolhas da juventude 65
12. O arco das alianças 69

13. O primado da ética 75
14. A caneta e aquela cadeira 83
15. Minas chama 89
16. Choque de realidade 95
17. Além das fronteiras 99
18. Choque de gestão 105
19. Niemeyer 111
20. A dor que ensina 117
21. A intimidade da fé 121
22. Polêmicas da vida 125
23. Um projeto de todos 129
24. O sonho brasileiro 135
25. O desejo de ser 141

Aécio Neves como secretário particular do avô Tancredo Neves
no governo de Minas Gerais.

1

Tancredo

MEU AVÔ – sim, naquele momento ele era apenas o meu avô, à cabeceira de uma conversa em família, ele, minha mãe e eu, e não o dr. Tancredo Neves, o estadista às vésperas de assumir, ao fim de uma travessia com tons de epopeia, a maior de todas as responsabilidades da nação: a Presidência da República.

Bem, eu estava contando, meu avô interrompeu o que dizia, deixou cair os talheres com uma expressão de contrariedade e foi se recolher ao seu quarto.

Fui atrás:

– O que foi, vô?

– Não estou me sentindo bem – disse, já recostado ao travesseiro.

Eu já sabia o que esse "não estou me sentindo bem" podia significar. Há alguns dias ele vinha se queixando de dores e mal-estar. O dr. Renault Mattos Ribeiro, médico da Câmara dos Deputados a quem meu avô dedicava uma confiança histórica, monitorava o quadro com medicamentos e periódicos exames de sangue. Meu avô vinha esticando o sacrifício das dores solitárias, e sigilosas, em obediência a um contexto político ainda sujeito a turbulências de última hora, delicada transição que somente se consolidaria em definitivo no dia seguinte, quando o dr. Tancredo Neves passasse a envergar a faixa presidencial e o Brasil pudesse explodir, enfim, na alegria do reencontro com a democracia.

Dores, eu falei. Elas lhes causaram um desconforto visível na missa solene na Catedral de Brasília, naquele dia 14 de março de 1985. Meu avô chegou em casa, ou melhor, à Granja do Riacho Fundo, e as dores impiedosas começaram a se impor, tentando derrotar sua resistência de paciente e patriota.

Passei a ligar para os médicos. Tudo o que se sucedeu a partir daquele momento ficaria impregnado na minha memória – e, estou certo, na lembrança de todo o país – como o enredo de uma narrativa inverossímil, se não de todo fictícia, primeiro com o atropelo urgente da primeira cirurgia, na vertigem das decisões apressadas, depois no desdobramento lento, atroz de uma agonia pessoal e também coletiva. Sempre digo que se um romancista ou um roteirista tivesse inventado tal história, ela seria um fracasso, não teria a menor credibilidade, tão inverossímel parceria.

Brasília era uma festa naquele 14 de março, e os médicos demoraram mais de uma hora para chegar. Decidiram: às vésperas da posse, o presidente eleito teria de ser operado. Os políticos que tratassem de avaliar a melhor saída legal, e constitucional, para a desastrosa emergência. Eu, de minha parte, queria era cuidar do meu avô. Levantou-se a hipótese de levá-lo para São Paulo, e deixei à mão um aviãozinho fretado. O dr. Renault bateu o pé: ele não estava em condições de viajar, e, como médico, ele não se responsabilizaria por essa viagem e não acompanharia o paciente até São Paulo, se assim fosse decidido. O Hospital de Base, em Brasília – argumentou ele –, já estava preparado para a cirurgia. Leigos em medicina, nós da família nos submetemos à decisão dos médicos.

Meu avô resistia.

– Deixem eu tomar posse primeiro, me operem amanhã – implorou.

Tinha o pressentimento de que os radicais do regime militar poderiam se aproveitar do vazio político, bloquear a transição democrática tão penosamente arquitetada. Chegou a convocar o jornalista Mauro Santayana, que dera a edição final do discurso de posse. Vi quando meu avô lhe pediu:

– Tem de ser mais curto, cinco minutos e eu encerro.

Mauro não se apertou:

– O discurso mais importante do Churchill durou dois minutos.

No entanto, seria engolido, como se sabe, numa tragicomédia de horrores. Meu avô se arrastou lentamente, até a ambulância. No hospital, deitaram-no numa maca, mas erraram de centro cirúrgico. Eu, ao lado dele, assistia perplexo à confusão. Um parlamentar me viu, levantou o lençol que cobria o presidente eleito e gritou:

– Olha, é o Tancredo!

Dois minutos depois toda a imprensa já devia ter tomado conhecimento da silenciosa operação. Quarenta pessoas entraram no centro cirúrgico. Mais parecia um palanque de campanha do que um ato médico. Após o procedimento, a junta médica, tendo à frente o dr. Renault e o dr. Francisco Pinheiro da Rocha, desanuviou as apreensões:

– Amanhã, o presidente toma posse, tranquilamente.

Não seria bem assim. Na manhã seguinte, ao ensaiar os primeiros passos, meu avô percebeu:

– Estourou tudo.

Voltou ao leito. A sucessão de erros médicos apenas começara. Muitos anos depois, um minucioso pesquisador faria o inventário do calvário. "Atenderam o presidente e esqueceram o paciente", ele escreveu.

Antes da cirurgia, antes mesmo da chegada dos médicos em meio ao corre-corre que já se prenunciava, bateu à porta da Granja o futuro chefe da Casa Civil, José Hugo Castelo Branco. Trazia os atos de nomeação do ministério. Seriam publicados no dia seguinte no Diário Oficial. Pedi que ele esperasse na sala e fui falar com meu avô. Ele me surpreendeu: queria, sim, assinar os documentos. Era importante. E, recostado à cabeceira, concentrado, assinou-os, um a um, com a caligrafia incerta de punho trêmulo. Mas foi até o fim.

Só depois é que eu iria compreender a verdadeira dimensão daquele sacrifício. Não se tratava de gesto banal, subordinado às exigências da burocracia. Ali o presidente eleito, Tancredo Neves, graduado na áspera escola das incertezas políticas, subscrevia o futuro do Brasil. Acontecesse o que fosse, com ele a República tinha um novo governo. Com o aval do presidente eleito, o primeiro gabinete da alvorada democrática já podia, no dia seguinte, começar a trabalhar.

Enquanto o país em vigília se perguntava sobre o destino do presidente, os últimos espasmos do regime autoritário assombravam a madrugada indormida. O presidente Figueiredo deu a senha: ao vice Sarney ele não iria dar posse. Eu soube depois que o general Walter Pires, expoente de uma ala mais radical, tentou organizar um movimento de resistência à transição. Consultou o ministro Leitão de Abreu, chefe da Casa Civil, que o dissuadiu:

– O senhor não é mais o ministro. O ministro é a partir de hoje o general Leônidas [*Pires Gonçalves*].

O *Diário Oficial* já estava nas ruas, o antigo ministro não tinha mais poder, resultado do mágico efeito dos tais atos burocráticos. O esforço de Tancredo havia servido uma vez mais ao Brasil.

Fazia três anos que eu acompanhava meu avô nessa caminhada que o levou ao governo de Minas, passou pela mobilização frustrada da campanha das diretas, enveredou pelo atalho espinhoso do Colégio Eleitoral e agora culminaria na Presidência da República. No embalo das sucessivas vitórias nascidas de desafios arriscados, eu vinha cumprindo, com a supervisão de meu avô, os ritos de um noviciado político que me seduzira; porque política, naquele contexto do início dos anos 1980, significava a euforia de palanques abraçados pelo povo, a convergência entusiástica das melhores consciências democráticas, a materialização de uma esperança em torno da qual se reuniam cidadãos dignos, pessoas de bem.

Fiz na alegria o aprendizado da política. Mas aquele dia fatídico me ensinou que a política também inclui a cilada da adversidade. Hoje estou aqui às portas de um desafio que evoca, com naturalidade, a trajetória de meu avô. Aprendi com ele que a política, quando exercida com dignidade, pode ser uma nobre arte; e que convicção e firmeza podem coexistir com tolerância e cortesia. Meu avô se preparou ao longo de meio século para chegar à Presidência. O sonho de uma vida inteira foi interrompido um dia antes de sua concretização. Mas o Brasil usufruiu desse sonho. Ele foi um guerreiro da esperança e da confiança. Testemunhei em seus gestos e escolhas, muitas delas silenciosas, o seu profundo amor e compromisso com o Brasil. Aprendi com ele que patriotismo é sentimento e sentido. Quando precisou escolher entre a sua conveniência pessoal e os interesses do país, não titubeou. Escolheu a pátria. Porque era a pátria que vivia dentro dele. Sempre me comovo quando lembro as palavras de Afonso Arinos dizendo que muitas pessoas deram a vida pelo Brasil, mas que Tancredo deu mais, deu a morte.

Há mais de trinta anos faço política. Olho em volta e nem sempre me orgulho do ambiente em que exerço meu ofício. Esfumaçou-se a era da alegria. Vivemos sob a égide do rancor. Mas, guiado pelo exemplo positivo e corajoso de meu avô, eu olho para o Brasil e me identifico com ele.

Aécio Neves com a esposa, Letícia Weber, e os filhos gêmeos Júlia e Bernardo.

2

Minha jornada

TENHO 54 anos. Desde a morte de meu avô, 29 anos se passaram – 28 dos quais tenho dedicado à política. Entre 1986 e 2002, atuei na Câmara dos Deputados; quatro mandatos que o povo de Minas me concedeu. Por oito anos, reuni considerável experiência executiva e administrativa como governador do meu estado. Agreguei, desde 2010, mais alguns anos de Parlamento como senador. Vivi muitas alegrias. Algumas tristezas, guardo no fundo do coração. E, no entanto, neste ano de 2014 vivi uma das maiores emoções da minha vida ao acompanhar minha mulher Letícia ao médico, ouvir no ultrassom a batida em dobro dos coraçõezinhos da Júlia e do Bernardo, que chegam para fazer multiplicar o amor que dedico à Gabriela, minha filha de 22 anos.

Júlia e Bernardo anteciparam sua chegada ao mundo. É como se o tempo tivesse parado de repente à nossa volta, como que reverenciando aquele que é o mais importante milagre humano – a vida que floresce e se renova todos os dias. Milagre que faz emergir o que há de mais essencial em cada um de nós, lembrando-nos de quem somos, de onde viemos e o significado maior de nossa jornada aqui. Julia e Bernardo tocam, de forma extraordinária, o coração de um pai mergulhado em grandes desafios coletivos, que se misturam à pessoal e intensa felicidade da chegada dos caçulas.

Nesse momento de intimidade, capaz de nos arrastar para fora das tarefas públicas e nos envolver no mistério fascinante da vida que se anuncia, é natural que eu me indague sobre o custo que a política me cobra – o porquê de persistir nessa estrada que, logo que você tranca a porta de casa às suas costas, é polvilhada de tantas armadilhas, calúnias e incompreensões.

A política exercida com seriedade não é o mar de rosas que muita gente pensa que é. Para mim não tem sido, e nunca será. Não preciso da política para sobreviver. Não faço da política um meio de ascensão social, nunca fiz. Digo isso sem arrogância. Nós aqui de Minas – minha família é exemplo disso – temos esse jeito mais simples de encarar a realidade, de buscar uma existência sem estardalhaços. Não cultivamos vaidades. Minha alegria está na companhia de amigos, numa vida simples.

O que me faz, então, permanecer na vida pública? Esta pergunta naturalmente me martelou a cabeça alguns meses atrás, de novo, uma vez mais, insistentemente. Se meu desejo é tão pé-no-chão, por que me arriscar ao que aos outros poderá parecer a suprema das ambições, uma obsessão? Pois é, eu me perguntei. Não me candidato a proprietário de verdades absolutas. Tenho dúvidas. Ao escutá-las é que descortino o caminho das certezas.

Tive dúvidas, sim. Busco sempre dividir minhas reflexões com alguns poucos amigos. Aprendi a curtir a pele e blindar a alma para sobreviver ao dia a dia da vida pública e ao tipo de adversários que costumo enfrentar. Sei que uma campanha presidencial pode virar uma carnificina de mentiras e calúnias e uma sucessão de absurdos atentados morais amplificados pelo poder multiplicador da internet. O terrorismo espreita a cada blog, a cada post, a cada site. Nossos adversários, ao chegarem ao poder, fizeram dele uma barricada para proteger sua própria incompetência. São, na maioria, profissionalmente desqualificados e temem ter de voltar ao mercado de trabalho, disputar o emprego para o qual não estão preparados. A profissão deles é o aparelho do Estado. Por ela, estarão dispostos a tudo.

Tive dúvidas, não tenho mais. Vivo hoje uma sólida convicção. O combustível que me alimenta se chama Brasil. Aos 54 anos, não me sentiria em paz com minha consciência se não fizesse a minha parte. Não podemos ficar indiferentes ao que está acontecendo com o Brasil. Aceitei a convocação dos meus companheiros para disputar essa eleição, uma eleição que sabemos desde o início que será especialmente difícil. A vontade de vencer, aprendi, só tem sentido na política se for um sentimento compartilhado por muitos. Entrei na disputa com o mesmo propósito da campanha de Tancredo: "Muda Brasil". É triste pensar que quase três décadas se passaram e o mote continua valendo.

Tenho fama de conciliador e de não ser agressivo. Não sou de gritar, de estufar a veia do pescoço, de pular na jugular dos adversários. Não se muda a própria personalidade. O político pode até adequá-la ao sabor de certas circunstâncias – mas mudar a personalidade, jamais. Penso assim: você pode ser ameno no trato, compreensivo com as diferenças e extremamente firme e determinado em suas ações. Falar em tese é muito fácil, mas Minas é o exemplo concreto que tenho para mostrar. Fiz duas campanhas para o governo do estado sem atacar ninguém, sem uma ofensa pessoal que fosse aos adversários, mesmo quando não recebia deles o mesmo tratamento. Mesmo quando me agrediam, eu olhava para a frente – esta é minha marca.

No governo, é muito fácil nomear; difícil é cortar excessos. Enxuguei a máquina em Minas, tomei decisões duras de impacto fiscal, ousei gastar o capital de risco da popularidade fácil. Cortei o meu próprio salário pela metade. Os mineiros entenderam. Despedi-me do governo com uma taxa de aprovação superior a 90%.

Fiz um governo com o meu jeito, com o que eu acredito. Com responsabilidade, mas com alegria. Não acredito na virtude da cara amarrada (acho que Nelson Rodrigues é quem dizia isso). E, para não perder outra citação, um sábio ensinamento que só pode ser de um poeta: "A alegria é a coisa mais séria que existe".

É alegria que tento levar para casa, ao final de uma estafante jornada de trabalho. Na dificuldade que é compatibilizar uma agenda de campanha presidencial com demais compromissos, tenho a felicidade de poder contar com o apoio das pessoas que eu amo. Não existe em mim uma duplicidade de vidas, minha vida é uma só. E se me apresento para um desafio de tanta envergadura é fundamentalmente por amor ao Brasil, mas também por amor aos meus filhos, e por respeito à história da minha família. Quero caminhar ao lado dos brasileiros na construção de um Brasil melhor.

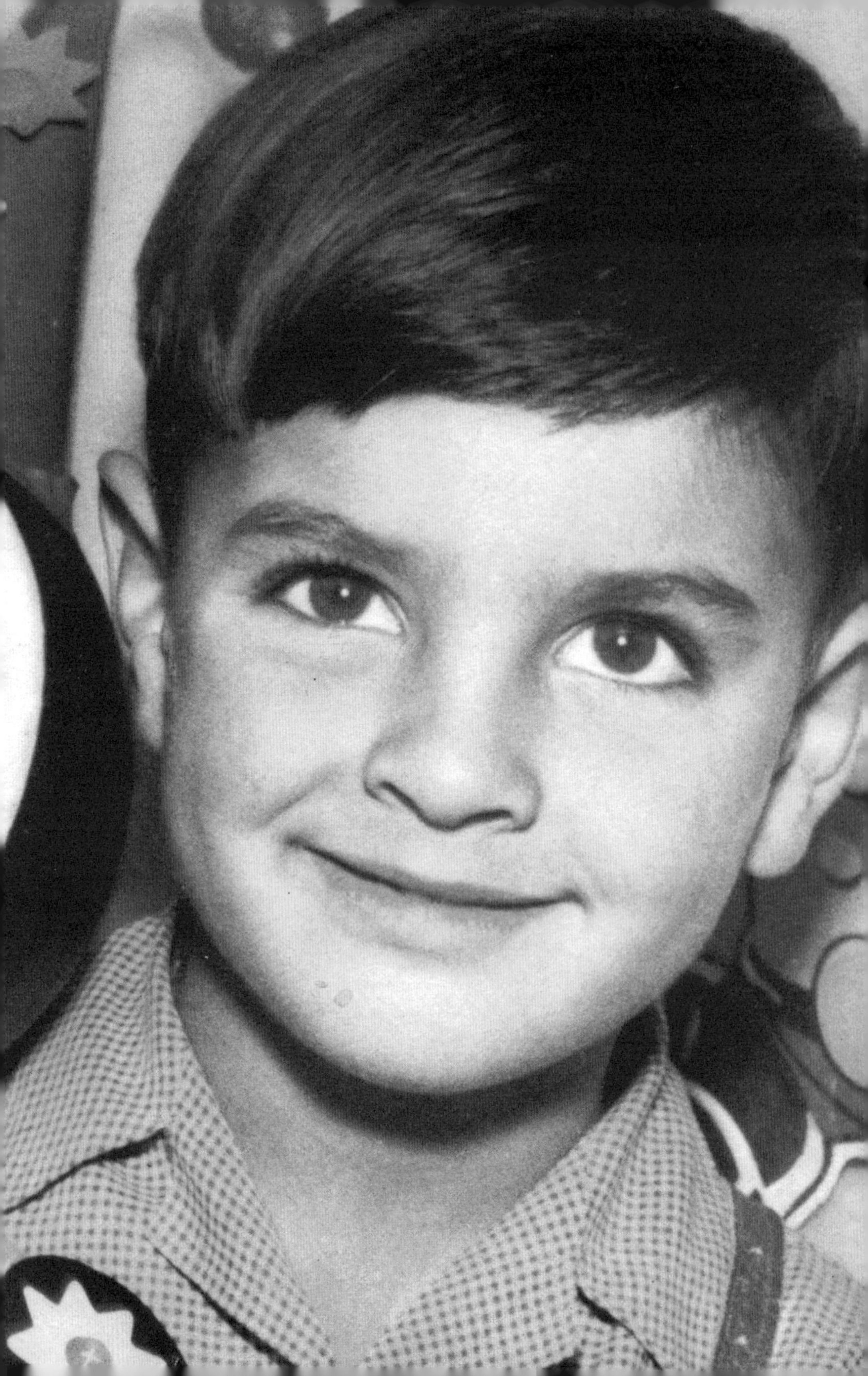

3

Minhas origens

NASCI EM Belo Horizonte, em 10 de março de 1960. Minha mãe brinca que a política cercou o meu berço desde meu nascimento. Meu pai, Aécio Ferreira da Cunha, era então deputado estadual pelo PR, Partido Republicano, fundado pelo ex-presidente Arthur Bernardes. Três anos depois, ele chegaria ao Congresso Nacional para o primeiro de seus seis mandatos consecutivos como deputado federal.

Poucas pessoas conhecem essa tradição pública da família do meu pai. Meu avô paterno, Tristão da Cunha, também se interessou pela política desde cedo, como vereador em sua Teófilo Ottoni natal, no norte de Minas. Advogado, promotor de Justiça e erudito, teve sua vocação podada pelo Estado Novo, ao que respondeu, com desassombro, ao avalizar, junto com outras assinaturas ilustres e respeitáveis, o chamado Manifesto dos Mineiros, de outubro de 1943, contundente crítica à ditadura de Vargas.

Getúlio retaliou. Conseguiu que Tristão da Cunha fosse exonerado da cátedra de alemão do Colégio Pedro II, no Rio, para onde se transferira após concurso público. Na redemocratização de 1945, meu avô paterno candidatou-se-se a Câmara Federal e foi eleito. Cumpriu três mandatos, com interrupções ditadas por outros desafios. Foi secretário, em Minas, de três governadores: Juscelino Kubitschek, Clóvis Salgado e Bias Fortes. Em 1962, quando sentiu no filho Aécio a pulsação do palanque, saiu de cena e lhe deixou como legado o compromisso com o país. Duas décadas depois, seria meu pai quem faria o mesmo gesto. "Agora é com você", foi tudo o que me disse, em 1986. Venho de uma tradição em que, ao se falar pouco, se diz muito.

No ano em que nasci, meu avô por parte de mãe era deputado federal e se encaminhava para disputar a eleição para o governo de Minas. Tancredo Neves já era respeitada figura nacional. Militava no PSD, que, naquele clima de conflito acirrado da política mineira, quase sempre ficava do lado oposto ao ocupado por minha família paterna. Não deixa de ser curioso observar que, apesar das diferenças, meus dois avôs foram perseguidos pela mesma ditadura do Estado Novo.

Como ministro da Justiça de um Getúlio eleito e legitimado pelo voto – Tancredo sempre fez grande distinção entre a ditadura e o governo democrático de Vargas – meu avô assistiu de perto aos desdobramentos da crise de 1954 que encostaram o presidente contra a parede e determinaram a tragédia de seu suicídio. Tancredo mal tinha entrado na faixa dos 40 anos quando alinhou-se na retaguarda de Getúlio com a firmeza dos veteranos. Gostava de rememorar, junto ao neto curioso, os transtornos daqueles dias remotos que, no entanto, iriam se repetir no Brasil com triste e exemplar regularidade.

O atentado na rua Toneleros, o estardalhaço da oposição, o mal-estar dos militares, reuniões febris no Palácio do Catete, generais pedindo a prisão de generais, manifestações pedindo a renúncia do presidente, uma reunião ministerial inconclusiva, em que o ministro da Justiça foi uma das poucas vozes a favor da resistência, o inútil apelo para que a ordem fosse mantida, aquela noite sombria em que Getúlio subiu para seus aposentos e não voltou mais. Quando se ouviu o estampido, meu avô estava lá, em vigília. Foi dos primeiros a chegarem ao quarto. O discurso emocionado que faria diante do túmulo de Getúlio, em São Borja, testemunharia quanto lhe marcou a brutalidade do desfecho.

A caneta com que assinou secretamente a carta-testamento, Getúlio deixou para seu fiel ministro, pouco antes de suicidar-se, dizendo tratar-se de uma lembrança daquelas dias. Em 2000, quando assinei o termo de posse por poucos dias na presidência da República, na ausência provisória de Fernando Henrique Cardoso e do vice Marco Maciel, deixei no papel, por empréstimo de minha avó Risoleta, o traço testemunhal daquele patrimônio afetivo que meu avô guardou como uma relíquia dolorida.

Conto esses episódios, desculpando-me pelas minúcias históricas, para esclarecer certos desentendimentos sobre o caráter supostamente conciliador de meu avô; e, mais além, sobre a controversa e folclórica fama que costuma rondar injustamente a imagem pública do político mineiro. Tancredo Neves era homem de diálogo, mas nunca foi de fugir da briga. A fidelidade a Getúlio significava, naquele contexto de conspirações golpistas, risco de vida. O discurso em São Borja foi um desafio.

Quando os golpistas voltaram à carga, em 1961, após a renúncia de Jânio Quadros, meu avô, com a concordância de Jango, driblou-os com o instrumento do parlamentarismo – e colocou-se, de corpo presente, frágil de estrutura mas rijo de ideal, como barreira contra os sentimentos antidemocráticos. Citando aquela "hora turva", redigiu um duro manifesto a favor da legalidade e da posse do presidente João Goulart e mais tarde chefiou o primeiro gabinete da experiência parlamentar.

Quando o golpe, apenas adiado, triunfou, em 1964, na truculência de rancores acumulados, Tancredo não escondeu de que lado estava. Era o líder do governo João Goulart e da maioria na Câmara. Ao ouvir o senador Auro de Moura Andrade, presidente do Congresso, anunciar atropeladamente a vacância do poder, quando se sabia que Jango se encontrava no país, aquele parlamentar mineiro de reconhecida paciência e elogiada elegância foi visto esbravejando no plenário: "Canalha! Canalha!". Ao lado dele, um boquiaberto Almino Affonso, líder do PTB na Câmara, testemunhava a bravura de Tancredo (o episódio foi citado por Augusto Nunes em *Tancredo*, da coleção Os Grandes Líderes, da Nova Cultural, e reiterado pelo próprio Almino Affonso em seu recente livro sobre 1964).

O autoritarismo quis, em princípio, se esconder por trás da máscara da legalidade. Mas Tancredo, homem das leis, soube perceber o engodo. Deposto o presidente constitucional, o Congresso foi convocado para ungir o presidente indicado. Iludidos de que o ciclo militar seria passageiro, ilustres companheiros de estrada de Tancredo, gente notável do seu PSD como o deputado paulista Ulysses Guimarães e o ex-presidente e então senador Juscelino Kubitschek, votaram em Castelo Branco. Tancredo não maculou sua biografia.

Juscelino acabou cassado. Do exílio, em agosto, mandou uma comovida carta a meu avô. "Lembro-me bem", escreveu, "de que a sua foi a última mão que apertei antes de me dirigir ao avião. Naquele momento de brutalidade, a sua presença confortou-me. Aliás, o que caracteriza bem a sua personalidade é a intrepidez com que enfrenta as suas e as adversidades dos amigos".

Intrepidez que Juscelino já não poderia testemunhar em 12 de agosto de 1976, o autoritarismo ainda presente, quando Tancredo compareceu ao tenso velório do ex-presidente, em Brasília, e depois lhe rendeu uma sentida homenagem na Câmara. Poucos meses depois, em dezembro daquele ano, no enterro de outro ex-presidente, João Goulart, em São Borja, meu avô repetiu à beira do túmulo o mesmo gesto de desassombro que tivera duas décadas antes, em 1954, diante do martirizado Getúlio.

Em casa aprendi, com exemplos como esses, uma política de coragem mas de mão estendida. Meus adversários, percebo, sentem-se permanentemente tentados a me tratar como inimigo; eu os trato apenas como adversários.

Houve uma eleição, a de 1978, para o Senado, em que meu pai e meu avô materno estavam mais uma vez em campos partidários opostos. Como nenhum dos dois tinha, à época, casa em Belo Horizonte, decidiram alugar juntos um apartamento. Meu pai era candidato a mais um mandato de deputado federal pelo PDS e meu avô buscava uma cadeira no Senado pelo PMDB. Amicíssimos, os dois. Mas, fiel a seu partido, Aécio Cunha apoiava a campanha de Israel Pinheiro Filho para o Senado – contra Tancredo. Mais de uma vez, meu pai encontrou em casa um bilhete do sogro: "Aécio, ligaram aqui pedindo pra você mandar material de campanha do Israelzinho lá para Nanuque", dizia um deles. Aprendi cedo que, no debate de ideias, as diferenças de opinião são naturais e merecem respeito.

Éramos recrutados, minha irmã Andrea e eu, para envelopar material de campanha de um e do outro – e o fazíamos na mesa ecumênica da tolerância política. Lembro-me bem: eu era criança e saía da escola quando vi se aproximar, com o filho a tiracolo, Luís Leal, o mais ferrenho adversário do meu pai nas rixas locais de Teófilo Ottoni e arredores. Luís Leal era personagem das conversas adultas lá em casa, e eu escutava tudo com aquele ouvido maniqueísta de garoto, para quem há o bem e há o mal. Estremeci quando vi Luís Leal se encaminhar na minha direção. Passou a mão na minha cabeça e eu ouvi, surpreso:

– Tenho muito respeito pelo seu pai, menino. É um homem digno.

Ao contar isso para meu pai, ouvi, em troca:

– Também tenho respeito por ele, meu filho.

Sou de uma época – e nem faz tanto tempo assim – em que se podia dizer com orgulho, como tantas vezes eu disse: "Meu pai é deputado, o deputado federal Aécio Cunha". Em contraponto, assisto hoje a essa brutal mercantilização da função pública, ao troca-troca varejista de favores e de conveniências, à política como instrumento de ascensão social para quem não teria nada de melhor a oferecer à própria sociedade; pessoas que se aferram ao estamento burocrático a qualquer custo e ali ficam, à sombra de sua incompetência. Este é um dos retratos de parte do grupo que domina hoje o poder federal: gente que enxerga a política apenas como meio de sobrevivência. E que, portanto, não atua senão pelas regras da ganância e da agressão, acendendo em mim a saudade da política que vi meu pai e meus dois avôs exercitarem, com correção, com generosidade e com respeito. Com eles entendi que política não é profissão; política é missão.

4

Mudança

MUDAMOS PARA o Rio em 1970. Meu pai ia fazer um curso na Escola Superior de Guerra e fomos todos, minha mãe, minha irmã Andrea, eu e a mais nova, Ângela. Não dá para esconder o fascínio que o Rio podia – e pode – despertar num garoto de 10 anos. Mas o Rio, para mim, foi além do Rio. Meu mundo se ampliou. Desgarrado das minhas raízes, pude entender o mosaico cultural, social e étnico que compunha a ex-capital federal, aquela coisa da música Paratodos, do Chico – "o meu pai era paulista/ meu avô pernambucano/ o meu bisavô mineiro/ meu tataravô baiano".

No Rio, pude exercer plenamente o justificável fascínio de ser jovem, pecado de que às vezes me acusam ainda hoje, eu aqui, com alguns fios de cabelo grisalhos, nos meus 54. A praia, o futebol e os namoros me ocupavam, em ares de liberdade que foram afastando a política para longe, eco cada vez mais distante das conversas em família. Na verdade, o endurecimento do regime, com o

AI-5, tinha exilado o cidadão de sua própria cidadania. Eu não era exceção. Na escola ainda se sentia o calor de alguma discussão, mas eu queria era, a bordo da determinação utópica da juventude, romper as fronteiras do mundo. Assim como muita gente da minha geração, peguei minha mochila e viajei pelo mundo.

Foi num daqueles sagrados almoços domingueiros em família, no Rio, em dezembro de 1981, nos meus 21 anos, que ouvi de meu avô:

– Pode se preparar para largar essa vida de surfista porque vou precisar de você – falou com o sorriso maroto que, no entanto, deixava entrever um propósito muito sério. Eu estava na faculdade. Estudava Economia na PUC e Direito na Candido Mendes. O Direito vinha da tradição da família, enquanto a Economia era uma escolha por afinidade pessoal. Era por aí, nessa vereda, que eu pretendia tocar minha vida.

O regime dava sinais de exaustão e se comportava entre avanços e recuos. Foram convocadas eleições diretas para governador, mas meu avô, como muitos outros, acabou frustrado com a lei que vinculava o voto num mesmo partido, de alto a baixo. Tancredo articulava a criação de um novo partido, o PP, que pudesse abrir caminho por entre a rivalidade histórica entre PDS, o partido do governo, e o PMDB, de oposição. Acreditava que o novo partido poderia acelerar o processo de transição democrática.

A vinculação compulsória surpreendia o PP no berço, sem musculatura, sem diretórios, sem a capilaridade exigida por uma eleição daquelas. Estava claro que a estratégia do governo era dividir a oposição. Meu avô não hesitou – desmobilizou os aliados, entre eles figuras de grande densidade moral, como o ex-prefeito de São Paulo, Olavo Setúbal, e o deputado Thales Ramalho, e voltou para o PMDB. Ele não perdeu de vista a percepção do que era essencial naquele momento: derrotar o regime. Lembro-me do refrão do jingle que cantávamos na campanha de 82 em Minas:

"Não, eu digo não, o governo não vai dividir a oposição. No PMDB é o povo que vota, e o governo não bota no meu voto a sua mão. O governo não!"

– É hora de você conhecer Minas de verdade – voltou meu avô à carga, no início de 1982. Ele seria candidato a governador e me queria ao seu lado. Já não era brincadeira; era fato consumado. Tranquei o curso de Direito, consegui transferência para Economia na PUC/Minas e me joguei numa campanha de emoções à flor da pele. De cara, era um desafio ao regime autoritário que se recusava a partir. De mais a mais, chegar ao governo de Minas tinha o significado simbólico de amenizar em Tancredo o sabor amargo de uma antiga decepção. Vinte e dois anos antes, exatamente no ano em que nasci, ele, favorito presumido, perdera a disputa ao Palácio da Liberdade para o banqueiro Magalhães Pinto, da sempre rival UDN.

Doera no meu avô, nem tanto a derrota, e sim a indiferença ativa de certos companheiros de partido, inquietos com o cacife político que Tancredo poderia amealhar como governador de Minas.

Os tempos eram outros, a gente sabia. As dificuldades, ainda maiores. Num aviãozinho que parecia amarrado com arame, varamos o estado (a heróica aeronave, soube depois, caiu e fez uma vítima). Sem dinheiro, já que o regime intimidava os doadores, tínhamos como único recurso a emoção do argumento. Meu avô tinha 72 anos. Saltitava de município em município com a vitalidade de um moço de 40. Ao temor que a oposição infundia nos rincões do coronelismo, ele respondia com uma convicção serena. Enquanto isso, seu adversário administrava uma campanha suntuosa, avassaladora.

Nós nos recolhemos para esperar pelo resultado. Temia-se o efeito de alguma bruxaria de última hora. Rumores de que poderia haver fraude mobilizavam muitos de nós. Ganhamos por 300 mil votos num eleitorado de 6,7 milhões.

Já ouvi muita gente dizer que se Tancredo tivesse sido eleito governador de Minas em 1960, o golpe militar de 64 teria encontrado dificuldades para se concretizar, pois teriam faltado as condições políticas dadas pelo governo de Minas. Pessoalmente, acredito que o Brasil seria outro se Tancredo Neves não tivesse vencido em 1982 em Minas. Mas uma das coisas que a política me ensinou, de braços dados com a experiência, é que não se faz história com a partícula "se". Meu avô me ensinou a desconhecer, na linguagem da ação, os obstáculos do *se* isso, *mas* aquilo, *talvez, quem sabe* – são irrelevantes. Tancredo venceu as eleições para o governo de Minas. E um acervo monumental de circunstâncias o espreitava para uma missão ainda mais grandiosa, e de alto risco. No íntimo, ele já devia pressentir. Eu ainda era jovem demais para saber perceber os batimentos misteriosos da política.

5

Meu aprendizado

APESAR DE cerceada por todos os casuísmos, a oposição ao regime conseguiu vitórias categóricas em 1982. Em Minas, meu avô venceu. Naquela que era a primeira eleição direta para governador desde o golpe militar, o PMDB arrebatou também São Paulo, com Franco Montoro, o Paraná, com José Richa, e ainda o Acre, o Amazonas, Espírito Santo, Goiás e Mato Grosso do Sul. No Rio, Leonel Brizola deu ao PDT sua solitária mas importante vitória. Os influentes estados do Sudeste faziam a política pender para a oposição e acionavam o sinal amarelo para o governo de plantão.

Se alguém tivesse alguma dúvida, bastava acompanhar a posse de Tancredo no dia 15 de março de 1983, no Palácio da Liberdade. A multidão na praça, a festa popular, a presença irrequieta da imprensa de todo o país e até de correspondentes internacionais sinalizavam que o que se passava ali era mais do que uma mera troca de governantes. De alma lavada, o novo governador deu o mote em seu discurso:

– Mineiros, o primeiro compromisso de Minas é com a liberdade. – Não falava apenas para Minas, falava para o Brasil.

Fui nomeado oficialmente secretário particular do governador. Iria trabalhar ao lado dele no Palácio da Liberdade e, no início, morar com ele no Palácio das Mangabeiras. Quem haveria de supor – eu, certamente não – que eu voltaria lá, vinte anos depois, na mesma função que meu avô assumia naquele momento?

Eu me lembro que a primeira reunião de secretariado me custou um exemplar e constrangedor puxão de orelhas. O local foi o amplo salão de reuniões, no segundo andar. Organizei a mesa, colocando diante das cadeiras o nome de cada secretário. Eu próprio ficaria na extremidade oposta à da cabeceira nobre. Sentam-se os secretários, chega o governador, ele faz uma saudação rápida e dispara:

– Vamos começar a reunião, mas antes gostaria de solicitar que o secretário particular Aécio Neves se retire da sala e só retorne quando estiver devidamente composto.

Eu me esgueirei porta afora, morto de vergonha. Estava vestindo um blazer azul-marinho, o que, para quem passara a adolescência no Rio de Janeiro, era praticamente um fraque. Sem gravata, claro. Pedi uma emprestada ao pessoal da segurança e pude, assim, retornar à reunião de secretariado. O rigor de meu avô impôs seu padrão no nosso convívio cotidiano nas Mangabeiras. Às seis e meia da manhã ele já estava batendo na minha porta. Ao me ver fatalmente sonolento, prescrevia a fórmula do colégio: banho frio.

Naquela época, não me passava pela cabeça que a política poderia vir a ser o caminho de toda a minha vida. Mas eu sabia que aquele estágio junto ao meu avô valeria como uma experiência de vida, qualquer que fosse o meu caminho. Que seria a experiência da minha vida.

O que assisti de perto, com foro privilegiado, foi a delicada costura, a várias mãos, fio por fio, daquele artesanato político que iria acarpetar o trajeto, sem solavancos, do regime de exceção à democracia plena. Obra de artífices calejados, experientes, turbinados pela energia da esperança, mas sempre obedientes à paciência. Obra que iria culminar na figura do meu avô, que, de certa forma, ao lado de outros grandes brasileiros, foi princípio, meio e fim do caminho.

Em outubro daquele ano de 1983, Tancredo Neves e Franco Montoro, governadores de Minas e São Paulo, se encontraram no sul de Minas e lançaram a Carta de Poços de Caldas, estimulando o país à luta pela eleição direta para presidente. Era a primeira vez que líderes tão influentes assumiam essa convocação, embora já tramitasse pelo Congresso, cercada de ceticismo, a emenda Dante de Oliveira.

As diretas foram uma empolgante e vertiginosa bola de neve. Os governadores de oposição, fortalecidos pelo anseio popular, convocaram comícios cada vez mais entusiasmados. O de Belo Horizonte, ocorrido no dia 24 de fevereiro de 1984, na Praça da Estação, teve em Tancredo um anfitrião impecável, recebendo, no aeroporto que tem hoje seu nome, cada um dos ilustres convidados. As diretas foram igualmente uma festa de cidadania, com ampla adesão de patrões e operários, aval dos intelectuais e coro dos artistas – muitos dos quais são meus amigos até hoje.

Custo a crer que já se passaram trinta anos. Aos 74 anos de idade, o governador de Minas atravessou o país em inúmeros comícios com o entusiasmo de um estudante. Eu o acompanhei. Mergulhei nesta atmosfera feliz de um Brasil que, nas ruas, se encontrava consigo mesmo. Ao mesmo tempo, procurei decifrar, na ciranda de encontros de meu avô, a cautelosa preocupação das entrelinhas, na serenidade com que ele alertava os mais eufóricos. Houve quem confundisse, nele, o realismo com a fraqueza. Lutou pelas Diretas

Já. Quando a emenda Dante de Oliveira foi derrotada no Congresso, tendo recebido 298 votos dos 320 necessários, foi Tancredo quem tratou de fazer com que a frustração não se convertesse em imobilidade.

A eleição presidencial teria de passar por um Colégio Eleitoral viciado. A única chance de vitória das oposições convergia para meu avô. Ele sentiu o peso da responsabilidade. Tinha pouco mais de um ano de governo em Minas e estava realizando um sonho de vinte anos. Mas foi tragado por um minueto de lideranças ansiosas que viam nele o único político capaz de vencer o regime dentro das regras por ele próprio estabelecidas.

Eu organizava a agenda e anotava mentalmente as idas e vindas das intermináveis negociações. O deputado Fernando Lyra veio lhe dar conta de que o racha no PDS era para valer e que esses votos viriam naturalmente para Tancredo. A resposta do meu avô:

– Correr riscos é da nossa atividade de político. Mas para aventura não contem comigo. – Ele concordava que havia gente séria entre os governistas dissidentes – citava em especial o senador Marco Maciel –, mas esperou que a Frente Liberal se materializasse. O documento chegou, e só então ele foi em frente.

Em meados de 1984, teve início a maratona de novas viagens e novos comícios, sob o renovado estandarte da mudança. O lema "Muda Brasil, Tancredo presidente" incendiava as praças públicas, numa mobilização paradoxal, já que o voto se daria no recinto escuro do Parlamento. A sociedade se mobilizou como se a eleição fosse ser decidida numa votação direta. Lembro-me de uma música, do Morais Moreira, acho, que se dirigia aos filhos dos parlamentares que tinham voto no Colégio Eleitoral. Dizia: "Agora é minha vez de te pedir, papai, comporte-se bem no Colégio." Mas a mobilização popular foi o que sacolejou os indecisos e ratificou a posição dos convictos.

Uma das muitas viagens que me marcaram, lembro, foi a de Belém, no Círio de Nazaré. O Círio é a maior manifestação de fé católica no mundo. A eletricidade emocional que percorre a procissão, do primeiro ao último peregrino – e há mais de um milhão deles – só pode ser descrita por quem já esteve lá.

À magnífica demonstração de religiosidade, veio juntar-se naquele ano a euforia do momento político que soprava por todo o País. O sonho da redemocratização pacífica, sem traumas, tendo à frente um líder civil com a trajetória e a importância do dr. Tancredo, ia pouco a pouco se convertendo em realidade, à medida que a campanha presidencial de meu avô arrebatava corações e mentes dos brasileiros.

A multidão abriu espaço para aquele a quem chamava "o presidente da democracia". Ao lado de meu avô, nós dois agasalhados pelo afeto popular, sob o sol escaldante de Belém, ousei perguntar a ele o que pretendia fazer com toda essa popularidade. Meu avô, com tranquilidade, respondeu:

– Pelo bem dos brasileiros, vou gastar esse crédito em três meses, pode acreditar.

Acompanhando-o no dia a dia de jornadas estafantes, eu percebia que, entre preservar o patrimônio da popularidade fácil e implantar as medidas de que o Brasil carecia, o futuro presidente não hesitaria em trilhar o caminho espinhoso do futuro, abrindo mão dos aplausos do presente. Em prol do país a que dedicara a sua vida, meu avô estaria disposto a pagar o preço. Convocaria a Constituinte; encaminharia as reformas que ainda hoje o Brasil deseja e merece. É esta a distância que existe entre o estadista e o gerente.

Naquele momento, em Belém, nos meus 24 anos, embebido na fé do povo, aprendi a lição definitiva da vida pública. O estadista tem compromissos de responsabilidade e vínculos de amor com seu povo. O estadista nunca é refém do imediato. Nem da conveniência. E é deles que o país precisa. É com eles que o país conta para superar crises e seguir em frente.

Bandeira do Brasil estendida em frente ao Congresso Nacional durante manifestação após a eleição de Tancredo Neves para a presidência da República, em abril de 1984.

6

Lição de arquitetura

NO DIA 15 de janeiro de 1985, o Colégio Eleitoral elegeu Tancredo Neves presidente da República. Recebeu 480 votos, 166 deles oriundos da Frente Liberal, o racha do partido governista. O adversário do PDS, Paulo Maluf, conquistou 180 votos. Houve ainda 26 abstenções, quase todas por parte de parlamentares do PT. Tive um prazer especial: o deputado Aécio Cunha, do PDS, meu pai, votou no candidato Tancredo Neves, da Aliança Democrática, o meu avô. Mais: pude ver o reconhecimento daqueles bravos brasileiros aos poucos parlamentares do PT que ousaram abrir mão da conveniência do discurso partidário para perfilar ao lado do desejo de mudança dos brasileiros.

Até a véspera, os radicais da ditadura tentaram manter aceso o rastilho da provocação. Da noite para o dia, os muros de Brasília amanheceram cobertos por cartazes apócrifos saudando, em nome do Partido Comunista, a futura vitória de Tancredo. Dois ou três pixadores chegaram a ser presos em flagrante e foram rapidamente libertados. A imprensa noticiou depois que se tratavam de membros do Exército.

Os cartazes eram um expediente tosco, óbvio demais para que alguém lhes levasse a sério; no entanto, meu avô tratou de se precaver, acionando seus contatos, esquivando-se da armadilha, me alertando para o significado de ações como aquelas, como quem me dissesse: não creio em bruxarias, mas que elas existem, existem.

A frustração com a derrota das Diretas Já ficara para trás. A primeira frase de seu discurso como presidente foi: "Esta foi a última eleição indireta no país." A nação sabia disso, e festejou. Nas praças, acompanhou voto por voto. A vitória se consolidou em abraços, gritos, foguetes. Não era do feitio de Tancredo tripudiar sobre os derrotados. Chegara a hora de medicar as feridas da discórdia, 21 anos de intolerância e arbítrio, e descortinar um horizonte de mudança para o futuro do Brasil. Era preciso seguir em frente.

– O entendimento nacional não exclui o confronto de ideias, a defesa de doutrinas políticas divergentes e a pluralidade de opiniões – sinalizou o presidente eleito. – Não pretendemos entendimento que signifique capitulação, e sim o que se faz em torno de razões maiores, as da preservação da integridade e soberania nacionais. – Quem não assinaria embaixo? Ontem, hoje, sempre eu assinaria embaixo dessa mensagem de harmonia com integridade.

Com Tancredo eleito, nos mudaríamos até a posse para a Granja do Torto. A rotina daquele homem de 74 anos seria radicalmente alterada. Com aquela sua ironia afiada, ele me avisou: – São muitos os que se julgam vencedores, Aécio. – Os vencedores agora avançariam ferozmente sobre o espólio da vitória. As pressões seriam duríssimas. Mas meu avô era experiente na arte de driblar as pressões.

A montagem do ministério – que assisti passo a passo – foi uma extraordinária obra de arquitetura política. Tancredo tinha naturalmente de contemplar no gabinete as forças que o elegeram, em especial o PMDB e o PFL. A habilidade elegante com que conduzia as conversas, só os desavisados haveriam de confundir com transigência e fraqueza. Tancredo sabia muito bem o que queria e o que poderia conseguir. Conhecia o limite das circunstâncias.

O estilo dele era: ouvir muito, falar pouco, anotar – e decidir de acordo com sua própria convicção. A escolha do ministro da Fazenda – a quem caberia o melindroso papel de administrar uma economia em frangalhos – era um bom exemplo. O presidente eleito tinha grande apreço por Olavo Setúbal, figura notável nas articulações empresariais e políticas em São Paulo em torno da candidatura de Tancredo. Mas ele sabia que, naquele momento, não poderia colocar um banqueiro na Fazenda. A escolha já estava feita: seria Francisco Dornelles. A intimidade entre tio e sobrinho faria de Tancredo um pouco ministro da Fazenda, ele próprio.

Outro ministério-chave – e muito ambicionado – era o do Interior. Os governadores e notáveis do Nordeste que abandonaram a candidatura oficial para se aliar à oposição esperavam, com justiça, que o mais nordestino dos ministérios ficasse com alguém do PFL. Entregá-lo ao PMDB – que também o reivindicava – seria uma traição.

Meu avô me pediu para convocar uma reunião com o PFL, para a qual foram chamadas as grandes lideranças do partido. Tancredo pediu a palavra: reconhecia a lealdade dos companheiros do PFL e o fundamental papel por eles desempenhado na eleição. No entanto... No entanto, o PMDB, a alma mater do meu avô, o partido que o convencera a encarar a difícil travessia, igualmente pressionava pelo ministério do Interior, e ele não se sentia à vontade em contrariar esse desejo.

Foi uma conversa ruim. Durou cerca de 40 minutos, e a delegação da Frente Liberal deixou a Granja do Torto pisando duro. Assisti a tudo e pude avaliar como era difícil para meu avô administrar tanta expectativa.

Então, ele me pediu para convocar o PMDB. Foi o que fiz. O clima era mais cordial, afinal aquele era o partido de Tancredo – lá estavam velhos companheiros de áspera caminhada, a começar pelo dr. Ulysses Guimarães, o "anticandidato de 1974", o "senhor diretas", símbolo da resistência democrática.

A delegação do PMDB ainda vivia a euforia da vitória quando Tancredo despejou sobre ela um banho de água fria. Sabia que o ministério do Interior era uma pleito importante do partido, que sob sua jurisdição havia instituições vitais para os interesses regionais, como a Sudene e o Banco do Nordeste. No entanto... No entanto, o PFL do Nordeste fora um parceiro decisivo na eleição e estava reivindicando aquela pasta. Ficaria desconfortável se o novo ministro fosse do PMDB. E então veio a cutilada final:

– Vocês têm o presidente da República. Um ministério a mais, para quê?

Custei a entender aonde Tancredo queria chegar. Afinal, a quem ele pretendia atribuir a responsabilidade por um ministério tão ambicionado? A alguém de escolha dele, acima de facções e interesses – um ministro de sua absoluta confiança. Assim é que acabou por informar o PMDB que iria atender o anseio do partido na figura de Ronaldo Costa Couto. Ronaldo, economista de formação, era filiado ao PMDB, mas não estava na linha de frente da militância partidária. De todo modo, o PMDB não tinha como recusar.

Feito isso, meu avô pediu que eu voltasse a convocar o PFL. Apareceram os governadores, senadores – o primeiro time. Tancredo começou: refleti muito sobre a preocupação de vocês e cheguei à conclusão de que não poderia oferecer o ministério do Interior a um eventual adversário de vocês; assim sendo, decidi optar por um técnico. E tirou da cartola o nome de Ronaldo Costa Couto.

No front interno, portanto, uma unanimidade esperançosa nos abraçava. Era hora de, no front externo, consolidar a torcida por um Brasil de rosto novo, como aquele que a *Newsweek* saudou na capa de sua edição de 18 de janeiro de 1985: "*Good Morning, Democracy*", era o título. "O Brasil se junta à onda de reforma da América Latina", dizia o subtítulo. Na foto de capa, eu aparecia, cara de menino, comemorando junto a meu avô e minha avó.

– Prepara seu passaporte – disse-me ele. Hora de botar o pé na estrada – aliás, no avião. A viagem internacional cumpriria varias funções. Uma delas era a de legitimar e tornar irreversível a transição democrática no país.

Mesmo ainda não tendo tomado posse, Tancredo foi recebido como estadista nos países visitados. Ele me sussurrava: não é a mim que festejam, é ao Brasil. Mas o carinho que chegava até ele tinha muito de pessoal e intransferível, e era fácil notá-lo. Primeiro, com o Papa João Paulo II, no Vaticano, onde a audiência acabou se estendendo por tempo além do previsto. Em Roma, com o presidente Sandro Pertini. Na França, com François Mitterrand, o início de uma amizade que seria curta mas profunda, verdadeira, comovida (ele daria demonstrações disso mais tarde). Na Espanha, com a família real e o primeiro-ministro Felipe González. Em Portugal, com o primeiro-ministro Mario Soares. No Peru, com o presidente Belaunde Terry. Na Argentina, com o presidente Raúl Alfonsín. E, finalmente, na Casa Branca, em Washington, com o presidente Ronald Reagan.

O périplo internacional tinha revigorado o entusiasmo de Tancredo. A acolhida foi a melhor possível. Havia momentos em que, no sacolejo das viagens longuíssimas, a gente se comportava como se ele fosse o jovem, e eu o idoso. Ele me provocava:

– É bom estar preparado. Este é apenas o começo. – Voltamos para o Brasil no dia 11 de fevereiro. Um mês e pouco depois, o começo se revestiria de angústia, dor e drama. Dois meses depois, para ele, o começo se transformaria em fim.

Multidão de cerca de 200 mil pessoas em torno do Palácio da Liberdade durante o velório do presidente Tancredo Neves.

7

O trauma de uma nação

"EU NÃO merecia isso" – foi a última frase que ouvi dele. Meu avô não olhava para mim, olhava para cima, como se buscasse numa instância mais alta a explicação para tudo o que estava acontecendo. Entendi essa frase como um sussurro de esperança resignada, sem nenhum desespero, e de maneira alguma uma capitulação. Poucos dias depois, ele perdeu a consciência. Tancredo já estava internado há mais de um mês no Hospital das Clínicas, em São Paulo. Milhões de brasileiros sofriam com ele as dores da agonia, numa corrente de fé e orações que até aos descrentes fez crer. O coração dele tinha aguentado sete cirurgias implacáveis. O corpo debilitado ainda buscava resistir aos desacertos clínicos e à vaidade dos doutores.

Na noite de 21 de abril, meu mundo caiu. Digo isso, mas me arrependo imediatamente, porque a dor do neto, no colo sofrido de toda a família, era uma migalha diante da desdita coletiva de uma nação incrédula com aquele enredo de ficção macabra. O cortejo pelas ruas de São Paulo e Brasília, a chegada a Belo Horizonte, a fala chorosa mas cheia de coragem de minha avó Risoleta naquele balcão do Palácio da Liberdade que tanto tinha inspirado meu avô, a comoção popular, o enterro em São João del Rei – as imagens da despedida se misturam na minha memória como espectros de um pesadelo insuportável. Quem viveu aqueles dias se recorda da intensidade. Quem não viveu não vai nunca compreender o tamanho da perplexidade de todo o país. De tudo o que foi dito e escrito, guardo com especial emoção as palavras do Flávio Rangel, publicadas no Jornal do Brasil. Cito aqui: "Agora que relemos os trechos de seus discursos, podemos entender bem por que ele se transformou nesse mito, atingindo, nos corações dos simples e dos pequenos, a dimensão da santidade. Porque nos respeitou. Porque nos ensinou que, sim, é possível, que podemos construir um lugar onde possamos viver com paz e na concórdia."

José Sarney era o presidente, agora não mais interino – e eu era, por nomeação, o secretário particular do presidente. A precaução de Tancredo em deixar escalado seu time, à véspera da posse que não houve, fora fundamental para vencer o último risco de dificuldade a impedir a consolidação da travessia democrática. O general Leônidas relata que o fato de Tancredo ter nomeado seus ministros na noite do dia 14 e ter mandado publicar os atos imediatamente, o que o colocou na posição de ministro do Exército, foi fundamental para fazer frente às últimas articulações da área militar que lutava pela manutenção do regime. Mas essa preocupação se revelou tão importante para o país que criava-se agora uma situação duplamente incômoda. Para mim e para o presidente.

Elegantemente, Sarney me chamou ao Palácio do Planalto, e a presença do Francisco Dornelles, parente nosso e ministro da Fazenda nomeado pelo meu avô, indicava que aquela seria uma conversa em tom pessoal. O presidente disse que fazia questão de me ter em sua administração. Eu já começava a entender a linguagem das entrelinhas. Ter no governo o neto de Tancredo indicava que não haveria ruptura, que o legado dele seria respeitado. Olhei para o Francisco e percebi, no subtexto expressivo do silêncio, que o mesmo argumento valia para ele. Mas, sob o bombardeio do PMDB, Dornelles ficaria pouco mais de cinco meses no mais vital e cobiçado dos ministérios.

O convite que Sarney me reservara era a de uma diretoria da Caixa Econômica Federal. E me acenou, então, com a responsabilidade de comandar a delegação brasileira que iria ao Congresso Internacional da Juventude, em Moscou, por ocasião do Ano da Juventude proclamado pela ONU. Isso, sim, me seduziu.

A União Soviética, em 1985, não deixava nem de longe transparecer o terremoto que iria, cinco, seis anos depois, solapar o sólido edifício do comunismo, mas a brisa da Glasnost já começava a arejar os ambientes da política, das artes, da música. O congresso foi, portanto, um evento que transcorreu na informalidade das calças jeans, dos cabelos longos e de um saudável intercâmbio de experiências.

No Brasil, oscilando entre as promessas de Tancredo e uma agenda própria, Sarney decidiu convocar uma Assembleia Constituinte que extirpasse do papel, dos tribunais e dos hábitos do país os resquícios indesejáveis de 21 anos de autoritarismo. A Constituinte mobilizou a sociedade num debate caloroso: ela deveria ser exclusiva, isto é, formada por representantes eleitos só para redigir a nova Constituição, ou os 559 congressistas a serem eleitos em 1986 é que teriam essa missão, além das tarefas habituais do Legislativo? O governo Sarney optou pela segunda via.

Dava para ouvir, vindo de Minas, o eco crescente de vozes que me pressionavam: eu tinha de me candidatar à Constituinte. O PMDB de São João del Rei, terra de meu avô, insistia que o legado político dele não poderia ser esquecido e me convocava a empunhar, no momento mais criativo da nação, seu patrimônio de princípios e ideais. Talvez não tivesse me deixado convencer se não fosse o argumento definitivo que vinha de meu pai: ele não seria candidato a um sétimo, e certamente tranquilo, mandato de deputado federal. "Agora é com você", me disse. A bênção paterna, o exemplo de desprendimento de um homem que me ensinou que a decência e a honradez não são uma causa perdida na política foi fundamental – só assim concordei em me lançar na busca do meu próprio caminho. Nessa eleição, meu pai optou por compor chapa como vice-governador do então candidato Itamar Franco. Surgiu então um dilema. Não poderia haver dois Aécios Cunhas disputando a mesma eleição para dois cargos diferentes. Nascia então o Aécio Neves, também, é claro, em homenagem ao meu avô.

A primeira eleição a gente nunca esquece. Tomei um banho de mineiridade. Varei o estado. Mergulhei no encontro com a minha gente. E aprendi uma lição importante da vida pública: a de que é muito mais importante ouvir do que falar. Ao final, tive 236.019 votos – fui o deputado federal mais votado em Minas, o mais votado, proporcionalmente, em todo o País. O nome Aécio Neves frequentou todas as urnas, uma a uma. Mas eu sabia: aqueles votos não eram meus, eram de meu avô, eram um tributo a ele, na evocação sofrida a uma trapaça da história, ferida ainda em carne viva.

Às 26 anos, caberia a mim, agora, seguir meu destino. A Constituinte, sob a presidência de Ulysses Guimarães, com quem meu avô fizera um dueto de décadas, vinha jogar no lixo o entulho da renitente ditadura.

Aécio durante votação nas comissões da Assembleia Nacional Constituinte, em abril de 1987.

8

Em nome do povo

É UMA sensação diferente entrar pela primeira vez no Congresso Nacional quando você não é mais mero visitante ou coadjuvante, e sim um protagonista, tendo como credencial o voto popular. Já tinha estado lá algumas vezes com meu avô, especialmente num dia emocionante, em 15 de janeiro de 1985, quando caminhei ao lado de Tancredo Neves em direção ao plenário da Câmara, para que ele viesse a agradecer sua consagradora vitória no Colégio Eleitoral.

É diferente chegar lá como deputado quando você é alguém disposto a levar a sério essa distinção, com a consciência de que ela não lhe pertence, de que o mandato é conferido pelo eleitor, e de que a ele se devem prestar contas. A Câmara tem 513 deputados, é natural a ansiedade de todos em buscar alguma visibilidade.

Fui, porém, beneficiado por uma circunstância: era o deputado federal mais votado em Minas, e afinal a Casa já me conhecia pelo meu trabalho ao lado do meu avô. Meu desafio era outro: sabia que aquele aluvião de votos, mais de 230 mil, não era para mim, e sim para "o neto do Tancredo"; portanto, cabia demonstrar que eu não era, como começavam a acusar os adversários precavidamente assustados, um mero papagaio de pirata da reputação alheia.

Eu tinha tomado gosto pela política e queria dedicar a ela toda a minha vitalidade (eu estava a caminho dos 26 anos). A ocasião facilitava: o Congresso eleito em 1986 seria investido de funções constituintes. Reescrever a Carta Magna, de forma a expurgar dela os resquícios do autoritarismo, é trabalho nobre para qualquer legislatura. O eleitor, sábio e consciente, mandou para a Constituinte um timaço de craques.

A Constituinte foi instalada no dia 1º de fevereiro, naquele clima de muitos discursos, muita festividade. Saí de lá frustrado. Descobri que a frustração faz parte da política. Ninguém tinha mencionado o nome daquele sem o qual a Constituinte jamais teria existido. No dia seguinte, antes do esperado momento da escolha do presidente da assembleia, eu fiz um curto pronunciamento. Pedia um minuto de silêncio "em homenagem ao presidente Tancredo Neves". Os constituintes se levantaram. Só então os deputados e senadores decidiram oferecer o comando dos trabalhos a quem fora, junto com Tancredo, o grande responsável pela transição democrática: o deputado Ulysses Guimarães. Claro que votei no dr. Ulysses.

Os constituintes se dividiram em comissões, e as conclusões finais seriam enviadas para a Comissão de Sistematização, da qual afinal acabei participando. Blocos se formavam para além das fronteiras partidárias. Decidi me abrigar sob a liderança de figuras que admirava e respeitava: os senadores Mario Covas e Fernando Henrique Cardoso seriam minhas referências. Comecei meu trabalho na Subcomissão da Nacionalidade, da Soberania e das Relações Internacionais e fui o primeiro-vice-presidente da Comissão dos

Direitos e Garantias do Homem e da Mulher. Era a chance que eu tinha de arejar o ranço patriarcal das antigas Cartas. Apresentei, ao todo, 46 emendas. Uma delas, vitoriosa, também apresentada por outras constituintes, era a bandeira de minha geração: o jovem de mais de 16 anos ganhava o direito de votar.

O Congresso vibrava de alegria criativa, no saudável entrechoque de opiniões nem sempre convergentes. O país não conseguia reproduzir esse humor. O governo Sarney enfrentava problemas sérios, o principal dos quais era a inflação. Quando meu avô nomeou seu sobrinho Francisco Dornelles para o Ministério da Fazenda, encobria na escolha a decisão de fazer os ajustes fiscais necessários capazes de turbinar a economia sem comprometer a estabilidade já estremecida da moeda.

Dilson Funaro, indicado pelo PMDB, substituiu-o, e o Brasil inaugurou a era dos dramáticos choques econômicos: o Plano Cruzado, com a criação de uma nova moeda e o congelamento de preços, criou uma camisa de força que os mercados, pulsantes e dinâmicos, acabariam por romper. Torci para que o Cruzado desse certo e, por um tempo, parecia dar – a ponto de promover a vitória pró-PMDB da eleição parlamentar de 1986.

Aquela ideia de que os "fiscais do Sarney" iriam garantir, com sua disposição, ainda que generosa, a estabilidade dos preços mostrou-se fantasiosa, e o congelamento levou aos poucos ao desabastecimento. A liberdade dos mercados anunciava que não podia ser anestesiada por um decreto arbitrário, ainda que bem-intencionado. Economista de formação, eu assistia na prática a uma aula que nenhuma teoria haveria de formular com tal clareza.

Funaro foi substituído por Luiz Carlos Bresser-Pereira, encarregado de fazer os ajustes pós-eleitorais do Cruzado. A inflação resistia. Passou dos 300% ao ano, em 1987. Oito meses depois, Sarney tentou nova cartada: o economista Maílson da Nóbrega. Com

Maílson, o presidente eleito sob a bandeira do PMDB rompia com o pensamento econômico do partido. Na esfera da política, o distanciamento já estava mais explícito. O PFL se tornava hegemônico no governo Sarney. Antônio Carlos Magalhães, Aureliano Chaves, Jorge Bornhausen e Marco Maciel ocupavam os ministérios mais importantes, davam as cartas do poder. A economia do feijão com arroz, como anunciava Maílson, não funcionava. Em 1988, a inflação chegaria a 933%. Novo plano, novo congelamento, nova moeda – e a velha frustração. Eu apoiava o governo Sarney, mas não desconhecia os problemas. "Um governo fraco e questionado internamente não terá condições de negociar com força a dívida externa e adotar medidas concretas para conter o déficit público", disse em entrevista à Folha, no aflitivo cenário do início de 1987.

Era como se a Constituinte vivesse uma realidade paralela, de vibração e eficiência. Leiam comigo as estatísticas: 341 sessões plenárias, 1.021 votações, mais de 2.400 horas de discursos, 15 mil pronunciamentos e 66 mil emendas. Cada um a seu modo, deputados e senadores mergulharam na crença comum de que dali, daquele enunciado de leis, poderia emergir um Brasil melhor, mais justo, mais contemporâneo, menos moroso, burocrático e ineficiente.

As conquistas referendadas pela nova Constituição são hoje tão cotidianas, parecem tão banais, tão familiares, que a gente acaba se esquecendo como eram as coisas antes delas. Eleição direta para todos os níveis de governo. Direito de greve reconhecido. Fim de toda e qualquer censura aos meios de comunicação. Condenação da tortura, do racismo, do tráfico de drogas e do terrorismo como crimes hediondos. Trabalho semanal de 44 horas. Licença maternidade de 120 dias. E, o que para mim foi um prazer pessoal, a aprovação do voto facultativo para jovens entre 16 e 18 anos, proposta também apresentada por mim.

Em paralelo, um projeto de lei flexibilizara a estrutura partidária. Novos partidos poderiam ser criados desde que tivessem congressistas de cinco ou mais estados da Federação.

Eu tinha 28 anos quando coloquei minha assinatura naquele documento da nova Constituição. Assinei-o ainda sob o abrigo do PMDB, o partido de meu avô. No entanto, o Brasil estava mudando. Eu ia mudar, junto com ele.

9

Novo caminho

SIM, NAS disputas do Congresso já tive derrotas; em eleições, tive, eu mesmo, apenas uma, em cenário político bastante peculiar, como vocês terão ocasião de compreender. De todo modo, saber perder ajuda a saber vencer.

Eu me filiei ao PSDB no dia 30 de março de 1989, com direito uma acolhida afetuosa por parte dos novos companheiros: Fernando Henrique, Mario Covas, Franco Montoro, José Serra, José Richa, Pimenta da Veiga, Ciro Gomes, Arthur Virgílio, entre tantos outros.

Assim como eles, eu vinha de um PMDB que perdera seu rumo político e sua dimensão histórica; um PMDB dilacerado entre interesses imediatistas e nem sempre legítimos, que, salvo as conhecidas exceções, guardava distância da corajosa brigada de bravos que comandara as Diretas Já e arquitetara, com Tancredo, a aliança que pôs fim à ditadura.

Ao nascer, o PSDB trazia de volta à política um senso ético que fora perdido. E essa bandeira foi empunhada, na primeira campanha presidencial pós-autoritarismo, pela candidatura de Mario Covas, ex-prefeito de São Paulo, meu ex-líder na Constituinte. Mergulhei na campanha de Covas. Meu foco era Minas Gerais, mas peregrinei com o candidato por outros rincões do país, em uma campanha mambembe, no estilo Caravana Rolidei, que, no entanto, contagiava com o vírus de uma esperança renovada.

Para um partido que mal tinha nascido, sem capilaridade nacional, com pouquíssimos diretórios e estrutura nula, as dificuldades eram tremendas. A gente tinha de acreditar na mensagem: o compromisso com a democracia, com a decência, com o crescimento econômico e com a justiça social. A isso se juntava a virtude maior do próprio candidato: ao ouvir Mario Covas falar, você sabia que ele estava sendo sincero e verdadeiro. Uma pessoa sem máscaras e sem disfarces.

Depois de 29 anos sem votar para presidente, o eleitor acabou enveredando por outra trilha. Mario Covas ficou em quarto lugar. Teve, ainda assim, quase oito milhões de votos. Como se sabe, Collor e Lula foram para o segundo turno.

Empossado, Collor tratou de tentar seduzir o PSDB e suas principais lideranças para aquilo que, desde o início, com o plano econômico que confiscava a poupança e tirava quase todo o dinheiro de circulação, tinha contornos de uma empreitada de alto risco. Com meus companheiros, fui para a oposição. Em Minas, em todo o país, nós do PSDB entendemos que era hora de erigir, desde o chão, sem fadiga, com humildade, o arcabouço da democracia que aspirávamos.

Nas eleições de 1990, o PSDB só elegeu um governador: Ciro Gomes, no Ceará. Em Minas, venceu Hélio Garcia, nosso tradicional companheiro de estrada, o vice que tivera a responsabilidade de substituir Tancredo quando ele se lançou à presidência, em 1984.

Por minha vez, voltei à Câmara, para um segundo mandato. E acabei até me submetendo a um sacrifício anunciado.

Em 1992, haveria eleições municipais, e o PSDB me convocou a disputar a prefeitura de Belo Horizonte. Eu me armei de toda a vontade e disposição. Fiquei em terceiro lugar, fora do segundo turno. No entanto, o país começava a se mexer. Uma revigorante indignação brotara na fisionomia dos caras-pintadas. Um dos pilares do programa do PSDB – a ética – ganhava a rua e elevava a temperatura política. Votei pelo impeachment do presidente Collor na sessão extraordinária da Câmara, em setembro de 1992. O Brasil parou.

A renúncia de Collor, em dezembro, elevou um mineiro à Presidência. Itamar Franco, outro egresso do autêntico PMDB, era calejado o suficiente para saber que não tinha outra alternativa senão ouvir o grito das ruas. Foi o que fez. Buscou, de imediato, o apoio do PSDB. A história do Brasil começava a mudar para melhor.

Aécio discursando no Congresso como deputado federal.

10

No Parlamento

COM FERNANDO Henrique na presidência, o PSDB ganhou outra musculatura. Tínhamos grandes quadros à frente dos governos estaduais. E tínhamos, sobretudo, uma afiada militância que trazia a política no sangue e na alma, em vocação que ia muito além das próprias circunstâncias do poder.

Minha arena era o Congresso, onde fui sendo sucessivamente reeleito. Em 1990, em 1994, em 1998. Sem nunca perder meu avô Tancredo como referência, fui saindo de sua sombra afetuosa e protetora. Ao disputar minha primeira reeleição para a Câmara, em 1990, já então pelo recém-nascido PSDB, levei das urnas um benéfico choque de realidade. Tive menos de um quarto dos votos da minha primeira eleição, a de 1986 – aquela em que o eleitor votou em mim pensando no meu avô. A minha coligação só elegeu seis deputados federais em Minas. Ainda assim, fui o mais votado da bancada.

Em 1994, ao contrário, a aragem de entusiasmo que a candidatura presidencial de Fernando Henrique arrastou consigo, o sucesso do Plano Real, a descompressão que se seguiu ao fim da turbulenta era Collor, tudo isso se somou ao trabalho que vínhamos fazendo no Congresso, e fui reeleito com 105 mil votos. Retornei à Câmara, para a nova legislatura, animado com a perspectiva de servir a um governo genuinamente comprometido com um país moderno, eficiente e justo. Queria estar na vanguarda dessa suave e consciente revolução.

O caminho natural seria a liderança do PSDB na Câmara. Decidi ir além das fronteiras geopolíticas de minha terra. Esperei até 1997 para me apresentar. O posto, até então ocupado pelo deputado paulista José Aníbal, tinha um favorito, Jayme Santana, do Maranhão. Dos 88 votos válidos da bancada, ele já garantira praticamente a metade. Homem de bem, político correto, Jayme Santana era, contudo, exageradamente crítico ao governo Fernando Henrique. Convencido de que acabaria por ter o apoio do Planalto, decidi apresentar o meu nome. Fui ao presidente pedir seu apoio.

– Quantos votos você tem? – ele me perguntou.

– Oito.

– Oito é muito pouco – rebateu. – Consegue uns vinte que eu te apoio.

Parecia um salto complicado, mas ainda assim não desanimei. Acreditei na sensibilidade de dois governadores do PSDB: Tasso Jereissati, do Ceará, e Marcello Alencar, do Rio. Procurei-os e os convenci. As bancadas dos dois estados viriam comigo. Fiz as contas: dezoito votos garantidos. Voltei ao Planalto. O presidente se deixou seduzir pela minha obstinação. Logo entraria em ação o ministro das Comunicações, Sérgio Motta, infatigável articulador político do governo.

Fomos para a disputa, Jayme Santana e eu, na noite de 4 de março daquele ano de 1997 (guardei a data porque era o aniversário de Tancredo, e menos de uma semana depois, comemorei meus 37 anos com uma alegria especial). Quando cheguei à maioria dos votos, o líder José Aníbal decidiu interromper a contagem – e o próprio Jayme Santana concordou. Fui proclamado vencedor. Ainda deu tempo de liderar, naquela mesma noite, uma pequena comitiva até o Planalto para agradecer o apoio de Fernando Henrique.

Mal podia eu imaginar que 1997 seria ano de emoções tão intensas – no Parlamento e fora dele. A agenda de privatização se acelerava, em especial na área das telecomunicações, e a reforma da Previdência entrava finalmente na pauta. Mas o que elevou a temperatura do Congresso a níveis saarianos foi a emenda constitucional que permitia a reeleição – do presidente da República aos prefeitos. Dentro do próprio PSDB havia resistência à ideia. O governador Mario Covas não gostava e, dentro de seu estilo, não escondia. Confesso que eu também tinha minhas dúvidas (e hoje minhas dúvidas se transformaram na certeza de que a reeleição faz mal ao país). Mas, naquele momento, fui fiel ao governo e à maioria do meu partido. O presidente Fernando Henrique e o ministro Sérgio Motta encontraram em mim, no olho do redemoinho, um aliado fiel.

A reeleição deixou cicatrizes, mas 1998 acenava com certa calmaria, fora os entreveros naturais com os intransigentes adversários da desestatização e oscilações com os aliados do PFL. Com tudo dentro da previsível, Fernando Henrique caminhava para ser reeleito no final do ano, com maior facilidade até do que em 1994. O destino recrutou, porém, um roteirista sádico para surpreender o governo, e o país, com duas grandes perdas. No dia 19 de abril, morria em São Paulo o ministro Sérgio Motta, em consequência de uma prolongada debilidade respiratória. No dia 21, um infarto fulminava precocemente o presidente da Câmara, Luís Eduardo Magalhães, aos 43 anos de idade. Em três dias, o governo perdia o chão de sua mais consistente sustentação política.

Encontrei-me com Luís Eduardo no velório de Serjão. Ele estava abalado como nunca o vira antes. Éramos, Luís e eu, da mesma geração e, embora em partidos diferentes, tínhamos em comum o patrimônio hereditário da política, com o qual, porém, assim como eu, ele procurava lidar com altivez e autonomia. Era dono de suas próprias ideias e um tremendo articulador.

Luís Eduardo me pegou de lado e desabafou: o Congresso tinha muito que fazer naquele ano, e ele contava comigo para desatar os nós da inércia. A reforma da Previdência, por exemplo, tinha de ser votada, apesar das resistências dentro do próprio bloco governista. De dentro do seu desencanto, ele buscava parcerias que energizassem a vida do Parlamento.

Aécio desfilando pela Mangueira no Carnaval de 2004.

11

As escolhas da juventude

SOU UM homem de meu tempo. Ouço-me dizendo isso e me pergunto quantas vezes tive de repeti-lo, como que a me desculpar pelo imperdoável pecado da jovialidade. Tem gente que ainda me acusa de ser, a esta altura da vida, 54 anos, três filhos e alguns fios grisalhos, jovem e feliz. Se trata-se de um defeito, é um que quero manter até o fim dos meus dias – ser leve e agradável mesmo quando tenho de envergar o figurino cerimonial do terno e gravata. Podem anotar aí: mesmo se vier algum dia a envergar fraque ou casaca, Aécio vai se comportar com absoluta naturalidade. Não sou refém de figurinos nem de expectativas.

Passei minha adolescência de frente para o mar. A praia é um mestrado em democracia. A praia não discrimina, ela aproxima. Joguei vôlei e futebol na areia, convivi com Deus e o mundo. Seguindo o exemplo de meu pai, que chegou a jogar no Raposão, o time de veteranos do Cruzeiro, fiz o que pude para virar um craque como ele, com resultados positivos, na minha avaliação pessoal, mas bastante discutíveis, segundo meus companheiros de time. Meu pai condescendia: ele joga direitinho. Reclamava injustamente que eu tinha "aquela mania de não voltar quando perde a bola". De minha parte, eu me sentia especialmente vocacionado para os embates da bola porque era canhoto, assim como o eram Tostão, Gerson e Rivelino – integrantes daquela invencível Seleção de 1970, com a qual me extasiei aos dez anos de idade.

O Rio continuou sendo um lugar de referência especial mesmo quando, passada a adolescência, me mudei para Belo Horizonte, para Brasília, de novo para Belo Horizonte e outra vez para Brasília. Guardei no Rio meu tesouro: a Gabriela, que lá nasceu em 1991. Depois de me separar da Andrea, a Gabriela passou a ser o ímã que me atraía para o Rio. Eu alegremente me resigno a este fato. Acho graça ao ouvir meus adversários me acusarem: o Aécio gosta muito do Rio. Ao ver a Cidade Maravilhosa se descortinar diante de mim, me pergunto: será isso um pecado ou uma virtude?

A rotina parlamentar em Brasília pode ser sombria. Não é culpa da cidade, aquele extraordinário monumento esculpido por Niemeyer na vastidão no cerrado. Brasília tem muitos encantos para os seus moradores. Mas, para as aves de arribação que passam a semana por lá e voltam aos sábados e domingos para suas residências, fica difícil engendrar com a Capital Federal uma relação de familiaridade imediata e de naturalidade espontânea. Mesmo à noite, encerrado o expediente do Congresso, a política te persegue em Brasília. Uma conversa aqui, uma conversa acolá. Num vacilo, vira obsessão, vira patologia. Minha vida não se resume à política. Ajudou-me o fato de fazer amigos em Brasília fora dos círculos às vezes opressivos do poder.

Amigos, tenho muitos – e me orgulho disso. Na política e, mais ainda, fora dela. Da adolescência, no Rio; da infância e da época de maturidade, em Minas, em Brasília, pelo país afora. De gerações diferentes. De áreas diferentes. Mesmo quando as circunstâncias da vida e do trabalho eventualmente me afastam deles, persiste o vínculo incondicional do afeto. Sou uma figura pública. Meus amigos, mesmo os que estão sob um holofote ainda mais potente do que aquele que me acompanha, são amigos, não personagens. Minha vida e meus interesses não se restringem à política. Feliz o homem público capaz de, na hora certa, ser apenas um homem como qualquer outro.

Faz séculos que não levo uma chuteira a um gramado. Tento me manter em forma, quando dá tempo, nadando, correndo e cavalgando. O garoto do rock e da prancha de surfe ficou nas brumas do passado. Prefiro hoje a MPB. Fui jovem quanto tinha de ser. Solteiro, namorei. Casado, sou um cara de família.

Mas continuo gostando de carnaval e não estou disposto a abrir mão, em laivos de hipocrisia, da euforia que me vem ao ver minha escola querida, a Mangueira, entrar na avenida. Já tentaram me convencer a usar a camisa de força do político tradicional. Daquele que está sempre a postos para ser fotografado, como se sua vida fosse um comercial de televisão. Ou que está sempre com o rosto fechado, para transmitir a ideia do peso da responsabilidade. Já disse muitas vezes: não serei nunca refém de uma personagem. Se querem me cobrar, cobrem pelo que faço pela minha gente, pelo meu estado, pelo meu país.

Aécio eleito presidente da Câmara dos Deputados, em fevereiro de 2001.

12

O arco das alianças

MINHA ELEIÇÃO para a presidência da Câmara, em 2001, foi definida pelos jornalistas de Brasília como uma afinada melodia digna da maestria de meu avô Tancredo Neves. Mas o que tenho a dizer, com o necessário senso crítico, é que fiz o que considerava importante para o PSDB e para o presidente Fernando Henrique, naquele momento. Não é de meu feitio, nunca foi, pautar minhas decisões de olho no menor ou maior tamanho dos gabinetes do poder. Não me impressiono com eles.

Digo "naquele momento" e explico: o segundo mandato de Fernando Henrique o encontrara naquela delicada posição em que presidentes podem frequentemente se ver imobilizados por delicados pactos partidários. A economia ainda se ressentia dos efeitos da desvalorização do Real, em janeiro de 1999. O processo de privatização sofrera alguns solavancos. A reforma política e a reforma previdenciária pararam num Congresso pulverizado em interesses quase sempre conflitantes. Luís Eduardo Magalhães fazia falta. Seu substituto, Michel Temer, do PMDB, encontrava dificuldades em destravar a agenda da Câmara. A Casa precisava de uma liderança ágil e decidida.

O presidente Fernando Henrique, por sua perspicácia e sua inteligência, não haveria de se deixar prender na armadilha da ingovernabilidade. Achei que tinha uma contribuição importante a dar naquele momento. Lembrei da velha máxima do meu avô: correr risco, sim, mas não me chamem para uma aventura. Naquele contexto, porém, o desafio poderia parecer mais aventura do que risco.

Paciência e tempo seriam meus cúmplices (isso também me fazia lembrar meu avô). A configuração geopolítica da Câmara dos Deputados privilegiava o maior partido em bancada: o PFL tinha 101 deputados e já tinha levado a presidência da casa por duas vezes, com Inocêncio de Oliveira e com Luís Eduardo Magalhães, duas figuras, aliás, de perfis radicalmente diferentes. O PSDB vinha logo atrás, com cem deputados. O PMDB elegeu 83, em 1998, mas compôs um bloco parlamentar com o PST e o PTN e, assim, com 102 membros, passou a ser a maior bancada da Câmara e conseguiu colocar Temer na presidência.

Era um instrumento normal do jogo parlamentar. Líder do PSDB, decidi fazer o mesmo. No início do ano legislativo de 2000, no último dia para se formalizar a composição das bancadas, 15 de fevereiro, surpreendi a base aliada apresentando o novo bloco PSDB-PTB. Com 124 parlamentares, passava a ser, com folga, a maior bancada da Câmara. Nada mais poderia ser negociado sem a nossa decisiva participação.

De longe, o cidadão nem sempre simpatiza com a lógica do rito congressual, achando que tudo o que está em jogo naquelas maquinações sussurradas ao pé do ouvido é o interesse pessoal e paroquial, nunca a conquista coletiva para a nação. O cidadão assiste ao desalento dos plenários vazios e dos discursos mais vazios ainda.

E tem razão. Porém, tenho em meu currículo vinte anos de Parlamento e posso assegurar que há situações, como aquela, em que a exceção pode ser regra.

Ante o bloco PSDB-PTB, o PFL reclamou. Entrara na fila para a sucessão de Temer, com o nome de Inocêncio de Oliveira e a certeza de que, pelo rodízio, a vez era sua. Quando ficou claro que as coisas não eram tão naturais assim, o PFL chegou a ameaçar tirar o apoio ao governo Fernando Henrique. Meu nome já corria por aqueles corredores da Câmara, na condição de candidato natural.

Na festa de meus 40 anos, com a qual meus amigos me surpreenderam, a certeza de minha candidatura era comentada. Ainda por cima, Fernando Henrique não só apareceu, em gesto cativante, como me saudou como "um grande líder político de sua geração". Eu não podia mais recuar. Companheiros de partido e até queridos representantes da oposição me envolveram em estímulos.

O PFL, hoje DEM, é um partido que, ganhando ou perdendo, sempre respeitou as regras democráticas. Nasceu, aliás, em 1984 para se comprometer com a transição que restabeleceria, com Tancredo, a plenitude dos direitos civis e políticos. Eu sabia que, em 2000, na disputa que se prenunciava, o PFL iria entrar em campo com a nobreza de um time disposto a aceitar o resultado final, fosse ele qual fosse.

Eu precisava buscar adesões além do bloco PSDB-PTB. Só com o apoio do PMDB eu chegaria à presidência da Câmara. A futura parceria começou a se desenhar num jantar oferecido pelo deputado Michel Temer, em junho daquele ano de 2000. Não foi formalizado acordo algum, mas a perspectiva era boa. O PMDB buscava apoio para a eleição no Senado, onde Jader Barbalho e Antonio Carlos Magalhães estavam em disputa, inviabilizando qualquer aliança entre PMDB e PFL. As lideranças do PSDB não viam problema em apoiar Jader na eleição para a presidência do Senado. E assim foi feito.

Fernando Henrique teve, por dever de ofício, que manter sua neutralidade. Era compreensível, e eu não haveria de constrangê-lo. Mas eu já tinha ido buscar guarida na autoridade moral e política de um peessedebista da primeira hora: o governador Mario Covas. O jornal Valor Econômico reproduziu nosso diálogo, de meses antes:

– Você tem o apoio da bancada? – perguntou Covas.

– Tenho – respondi.

– E disposição para enfrentar a resistência de seu partido e do governo?

– Também tenho.

– Então, seja candidato que eu lhe dou meu apoio.

Como previsto, Inocêncio de Oliveira foi candidato pelo PFL. O PT lançou Aluísio Mercadante. Nelson Marquezelli, do PTB, mas disputando como independente, já que o PTB me apoiava, e Valdemar Costa Neto, do PL, também se apresentaram. À última hora, Severino Cavalcanti, do PPB, que se apresentava como candidato do "baixo clero", decidiu me apoiar. Eram 43 votos a mais. Construí um arco de alianças que lembrava aquele de Tancredo, em 1984. O PTB veio, o PPS também, assim como o PSB. De novo, era meu avô quem me inspirava: ganhar com os companheiros, governar com a consciência. Pois o que eu queria fazer na Câmara, por ironia, era muito diferente do que existia: fazer do Parlamento a verdadeira casa do povo, transparente, límpida, arejada por ventos de mudança e eficiência.

Na galeria de fotos da Câmara, minha filha Gabriela, então com 9 anos, me viu adentrar a tradição parlamentar da família, ao lado dos meus dois avôs e do meu pai. Citei meu conterrâneo Guimarães Rosa: O mais importante na vida – e na política não é diferente – não é a largada e tampouco a chegada; o importante é a caminhada.

Eu não disputava uma eleição; na verdade, disputava duas. Enquanto a votação transcorria na Câmara, os senadores votavam simultaneamente no Senado. Percebi que os deputados do PMDB se aglomeravam na frente da tribuna, em bloco, sem fazer menção de votar. Esperavam, com certeza, que o Senado apurasse os votos e o apoio do PSDB ao candidato do PMDB ficasse patente. De repente, todos se precipitaram para o painel eletrônico. Tive 283 votos, mais do que a soma de todos os adversários. A verdadeira caminhada – aquela que Guimarães Rosa mencionou – ia começar agora: a difícil missão de criar novas bases e novos ares numa instituição muitas vezes imobilizada por conveniências pessoais.

45
Aécio

13

O primado da ética

DE COSTAS para o país, a Câmara dos Deputados pagava o compreensível preço da crescente impopularidade. Se você perguntasse ao cidadão da rua o que ele achava dos deputados, ele mencionaria o plenário vazio, o expediente camarada, o bate-boca improdutivo, aquela impressão generalizada de que o que se produzia ali, debaixo da cúpula desenhada por Oscar Niemeyer, era uma espécie de conluio corporativo para acobertar a ineficiência e os interesses paroquiais de lisura nem sempre comprovada. Erros e equívocos obscureceram, na percepção popular, o imprescindível e democrático papel do Parlamento.

Para muitos, o presidente da Câmara estava ali para chefiar uma permanente ação entre amigos, distribuindo cargos e promovendo mordomias. No meu caso estavam enganados: eu vinha para sacudir a poeira.

O diretor-geral da Câmara, Adelmar Sabino, estava no cargo há quase vinte anos e era a principal referência da Casa. Na dinâmica da Câmara, acumulara muito poder. Não era culpa dele, mas essa era a realidade. Temido, ele era intocável. De cara, pedi a Sabino um levantamento minucioso sobre todas as despesas da Casa. Pareceram-me indecorosas. Defini uma meta imediata: corte de R$ 60 milhões. Sabino, o diretor-geral, era meu amigo. Tão logo recebi dele o relatório, eu o chamei. Ele já adivinhara:

– Vai me demitir, né mesmo?

Eu confirmei: – Você sabe, não dá para dois mandarem.

Não era uma questão pessoal. A partir daí, eu iria promover a extinção de 262 cargos de confiança, reduzir 10% das despesas com pessoal, revogar vários dos contratos em vigência e suspender as obras de reforma no prédio e nos gabinetes. Elevou-se a voz dos que tinham ficado insatisfeitos com minha eleição, mas eu fui em frente e não me acanhei sequer em descer às minúcias no controle do desperdício: restringi a produção de materiais impressos pela gráfica da Câmara, implantei o programa de reciclagem do lixo e proibi que as dependências da Casa fossem usadas para festas e até mesmo convenções partidárias. Consegui também reduzir em 42% o consumo de energia elétrica. Foi assim, paradoxalmente, que a Câmara se expôs à luz e se tornou transparente.

Precisava ir além. A Câmara não sabia se comunicar. Acusada de não fazer o que tinha de ser feito, não conseguia expor – nem para o eleitor que lhe delegara, pelo voto, o direito de representá-lo, nem para si mesma – o que ainda assim tentava fazer. Tive de tomar providências básicas, como introduzir a Câmara na era digital: criar um portal eletrônico que divulgasse pela internet os projetos em tramitação e as ações de cada deputado. Já que informar é, na esfera pública, prestar contas, abrimos outra janela eletrônica para que a sociedade pudesse inspecionar nossa atividade legislativa: todos os contratos e compras seriam submetidos ao pregão eletrônico. O eleitor poderia saber quanto a Câmara gasta, seja com um clipe, seja com a gasolina dos automóveis.

Um novo modelo de gestão obediente ao objetivo maior, final: a ética no trato do bem público. Gestão e ética. Meus adversários gostam de ironizar: eu uso demais essas duas palavras. Para mim, não são conceitos vazios ou bandeiras de ocasião. Gestão e ética se complementam quando se trata de agilizar e melhorar a prática política e administrativa. E, com elas, quem ganha é o cidadão.

"Pacote ético" foi, por isso, o nome dado a um conjunto de medidas que foram discutidas na Câmara em 2001. Elas visavam permitir "que a sociedade volte a olhar com respeito para o Parlamento" – como disse na ocasião. "O comportamento de uns poucos parlamentares não pode se transformar em retrato da instituição". A harmonia e a credibilidade da Câmara tinham de estar a salvo dos eventuais abusos e irregularidades cometidos por alguns.

O nó a ser desatado era o da imunidade parlamentar. Durante toda a história republicana, a legislação havia facilitado a blindagem de qualquer deputado acusado de algum crime – cometido durante o mandato ou até mesmo antes dele. É como se o mandato popular o eximisse de toda e qualquer responsabilidade criminal. Frequentemente, os processos subiam até o Supremo Tribunal Federal, mas o Judiciário só podia decidir com a expressa autorização da Câmara. Homicídio, tráfico de droga, estelionato, formação de quadrilha, não importava a gravidade do crime; o Parlamento acionava o seu *esprit de corps* para acobertar autores de crimes comuns.

A tradição vinha de longe, ao menos da Constituição Imperial de 1832, e desde então o calo da impunidade se incrustara na história parlamentar. Por quatro meses tive de costurar com todos os partidos, os da base governista e os da oposição, um acordo que permitisse aprovar o fim daquela relíquia corporativista. Como se tratava de uma emenda constitucional, para ser aprovada precisava de três quintos dos votos da Câmara dos Deputados. Sabia que alguns iriam defender a imunidade em causa própria. Contudo, acreditei na maturidade dos congressistas. Para mim, o limite da negociação era a convicção: se a questão era relevante, como aquela era, eu buscava a maioria e a decisão no voto.

Em dezembro de 2001, exibindo dignidade, a Câmara votou a favor do fim da impunidade parlamentar para crimes comuns. Só nos chamados crimes de opinião os parlamentares continuavam protegidos por lei. O Congresso mandava um aviso claro àqueles que buscavam se esquivar da Justiça ao abrigo de um mandato popular. Se eu não tivesse realizado mais nada na presidência da Câmara dos Deputados, essa conquista já teria feito uma enorme diferença. Não para mim, mas para o país.

Foi aprovado o Código de Ética e Decoro Parlamentar e criado o Conselho de Ética. Eu não queria que fossem, nem o Código, nem o Conselho, mera fachada para boas intenções e para saraus de amenidades. Pela primeira vez, o Parlamento se dispunha a apurar denúncias e, sendo o caso, punir os acusados dentro das atribuições da Casa. Perder o mandato passava a ser uma hipótese viável.

O "Pacote ético" - a expressão ficou - não resumiu minha determinação de arejar, dar vivacidade, energizar a pauta parlamentar. A Câmara tinha de se sacudir, e eu fiz o que uma liderança sem descanso tinha de fazer. Só nos primeiros meses, aprovamos 451 novas leis e discutimos outros 425 projetos. De acordo com as estatísticas, já dentro do escopo de transparência total, foram 1400 horas de debates e votações.

Eu me orgulho especialmente de algumas decisões. O presidente da Câmara, pelo bem ou pelo mal, detém um poder extraordinário. Pode engavetar projetos, pode acelerar outros. Eu já tinha suficiente experiência de Parlamento para saber disso. Sendo esta a regra do jogo, decidi acatá-la. Não ao sabor das conveniências, mas de acordo com minhas convicções. A mais delicada de minhas iniciativas poderia ser vista como um choque frontal com a Presidência da República, se o presidente não fosse o homem de sensibilidade e grandeza que é Fernando Henrique. O Congresso estava amesquinhado pelo excesso de Medidas Provisórias enviadas pelo Executivo. Resolvi que era hora de impor uma barreira a isso: o Legislativo legisla, o Executivo executa. Só excepcionalmente o Executivo poderia invadir as prerrogativas do Congresso.

Fui falar com Fernando Henrique. Disse a ele que uma das minhas promessas de campanha era a de regular as MPs. Lembro que ele foi me receber à porta do Alvorada. Antes mesmo de nos sentarmos, em seu escritório, eu disse a que vinha. Ele concordou incondicionalmente. Entendeu que eu não era mais líder do seu partido e do seu governo, mas de uma instituição cuja legitimidade consistia em ser independente do Executivo. Independência é uma palavra que cala fundo na alma de um mineiro.

Enquanto estive na presidência da Câmara, muito aconteceu, sobretudo no que diz respeito à igualdade de direitos entre os sexos. O assédio sexual virou crime. A violência doméstica passou a ser punida com prisão e afastamento cautelar do agressor de sua casa. Os hospitais da rede pública foram obrigados a notificar a polícia sobre esses casos de agressão. O direito à licença maternidade foi estendido às mães adotivas. As uniões estáveis entre casais passaram a ter legitimidade jurídica. Mudanças no Código Civil foram aprovadas, depois de dormitarem por anos e anos no Congresso.

Enquanto isso e muito mais acontecia, nem preciso dizer que minha vida passou a gravitar em torno de Brasília. Mas o momento era único. Pela sua própria natureza, a Câmara dos Deputados é um conjunto de opiniões discordantes à espera de um acordo possível e nem sempre provável. Como presidente, eu poderia ter ficado paralisado na tarefa de construir consensos impossíveis.

A presidência da Câmara foi minha primeira experiência em cargo executivo, em universo circunscrito, porém altamente simbólico. Afinal, a Câmara Federal é a Casa do Povo – uma expressão conhecida, e que deveria estar sempre refletida na realidade. O exemplo de decência, ética e claridade tem de vir daí. Aprendi a contrariar a morosidade paralisante da burocracia e a me antecipar a expectativas positivas ainda sequer formuladas. Outra experiência de executivo, eu tive logo depois, mais ampla e desafiadora, no governo de Minas, e depois outra, na reeleição. Não tenho medo de tomar decisões e de comandar – sei que é assim que somos catalisadores da vontade coletiva.

Aécio com o ex-presidente Fernando Henrique Cardoso.

14

A caneta e aquela cadeira

PRESIDENTE DA República, eu? Um dia, recebo um telefonema do Palácio do Planalto. Fernando Henrique Cardoso me informa que vai viajar e que, dessa vez, o vice Marco Maciel vai com ele. O presidente da Câmara dos Deputados haveria de assumir por três dias a mais cobiçada cadeira da República. O presidente da Câmara era eu.

Creditei o gesto àquela conhecida fidalguia de Fernando Henrique. Saindo de viagem, e levando consigo o vice, fazia uma dupla homenagem: a mim, que me esforçava para destravar a agenda política e administrativa da nação no espinhoso corpo a corpo do Parlamento; mas sobretudo prestava tributo a meu avô Tancredo Neves, àquele que, com o sacrifício de sua própria vida, nos ajudou a adentrar um novo tempo de rotina democrática, após o sombrio período autoritário.

Ainda que – aquela vez – por apenas três dias, eu iria experimentar a responsabilidade que meu avô deixou de assumir por questão de horas.

Fernando Henrique é homem de tais gentilezas. Mesmo na Presidência, sujeito às pressões impiedosas do ofício, acossado pelo natural déficit entre as expectativas da nação e as limitações do orçamento, ele jamais perdeu sua leveza, seu trato ameno e seu bom humor. São virtudes com as quais me identifico. Aprendi ao longo de minha vida que a responsabilidade não precisa ser casmurra; que a seriedade não exclui a serenidade.

Na manhã de terça-feira, dia 26 de junho de 2001, uma Brasília ensolarada assistiu à partida do avião presidencial e sua comitiva. Antes, em acordo com as disposições do Cerimonial, fizemos as despedidas oficiais. A família – minha mãe, minha filha Gabriela, minha irmã Andrea – estava ao meu lado. Minha avó Risoleta se resguardou, compreensivamente. Mas garantiu sua presença afetuosa e simbólica ao me enviar a caneta com a qual Tancredo teria assinado o termo de posse, dezesseis anos antes. Foi o que fiz, na transmissão de cargo, ali mesmo na Base Aérea de Brasília. Meu pai, em fase assumidamente bicho do mato, me ligou do norte de Minas. Disse, envaidecido, que ia fazer um brinde em minha homenagem.

Ainda estávamos na base aérea quando um oficial da Aeronáutica veio me comunicar: com problema, o avião do vice ainda se encontrava em solo. Presidente e vice, por razões de segurança, nunca viajavam no mesmo avião. O certo é que eu não era ainda o chefe de Estado – não enquanto Marco Maciel não embarcasse.

Foi uma estranha espera, de mais de duas horas. No Palácio do Planalto, amigos, autoridades e parlamentares aguardavam. Quando enfim chegamos, a família e eu, foi uma festa. Falei com a imprensa, em clima de cordialidade. Prometi:

– Não penso em demitir nenhum ministro.

Era uma piada, que os jornalistas decifraram: quando vice de Fernando Collor, Itamar Franco, na sua interinidade, tinha ameaçado demitir o ministro da Justiça, Jarbas Passarinho.

Tratei de evitar, por prudência, a maior tentação do cargo provisório: a própria cadeira presidencial. Em respeito a Fernando Henrique, preferi me instalar numa mesa redonda, na lateral do gabinete. Lá é lugar sagrado: só muitos milhões de votos habilitam alguém a se sentar naquela poltrona.

Em qualquer circunstância, a Presidência da República é para se levar a sério. Eu tinha feito esta ressalva a Fernando Henrique: não passaria por ela em branco. No pouco tempo que tive, assinei um decreto ampliando a área de incentivos fiscais da Adene, a Agência de Desenvolvimento do Nordeste, que vinha, por decreto presidencial, substituir a Sudene: os 38 municípios do Vale do Mucuri, com Teófilo Ottoni à frente, se juntariam aos do Vale do Jequitinhonha e do Norte de Minas abrigados anteriormente na Sudene. Assim, eu contemplava um velho anseio da população do Mucuri e, por tabela, chancelava no papel um justo e incansável pleito de muitos líderes mineiros, entre eles meu pai, em sua atuação parlamentar de mais de três décadas.

O jantar em homenagem ao ministro Marco Aurélio de Mello, na quarta-feira, me permitia sinalizar a harmonia entre o Judiciário, que o ministro presidia, o Legislativo, por mim representado, e o Executivo, pelo qual eu provisoriamente respondia. Havia entre o Supremo Tribunal Federal e a Câmara um ou outro ponto de atrito, e o jantar, embora tributo ao magistrado, não à instituição, ajudaria a distender os ânimos. Um dos temas espinhosos era a discussão do teto salarial dos servidores públicos, que o presidente do STF queria que fosse votado em regime de urgência. Eu, de minha parte, esperava por uma melhor oportunidade política para colocar o tema em pauta.

A interinidade também oferecia a oportunidade de mostrar que tinham sido reconstruídas as pontes que ligavam o PSDB e o PFL. Ao lançar minha candidatura à presidência da Câmara, contrariei, na opinião de alguns, um suposto acordo do governo Fernando Henrique com o aliado histórico, que ambicionava o lugar na figura do deputado Inocêncio de Oliveira. Como não era esse o meu entendimento, fui em frente e derrotei, entre outros, o candidato do PFL. Algum ressentimento ficou – mas logo passou. O gesto do vice Marco Maciel de acompanhar o presidente ao exterior indicava que o vínculo político PSDB-PFL era mais forte do que qualquer circunstância pessoal.

Eu me encontrava no Palácio do Planalto, mas nem por isso deixei de acompanhar muito de perto uma das mais importantes decisões legislativas do ano – tema do qual eu próprio fiz bandeira em minha campanha pela presidência da Câmara. Era o projeto de emenda constitucional que restringiria a edição de medidas provisórias pelo Executivo. Se aprovado em segundo turno, o projeto iria imediatamente para votação no Senado. Não se tratava de retaliar o Executivo, mas de resgatar para o Legislativo, nos habituais entreveros entre os poderes, um pouco que fosse de sua dignidade perdida.

Pena que governantes futuros não viessem a ter a mesma sensibilidade que o presidente Fernando Henrique demonstrou na ocasião, aceitando de bom grado limitar o abuso de decisões impostas ao Congresso de cima para baixo. Mais uma lição do professor FHC: a nobreza do desprendimento, a sabedoria de abrir mão de conveniências pessoais em prol de causas amplas e coletivas.

Aécio ao lado do ex-presidente Itamar Franco, durante comício do PSDB.

15

Minas chama

O PMDB, partido a quem meu avô dedicou suas melhores energias, enfrentava enormes contradições em Minas, dilacerado por facções rivais e seduzido pela tentação coronelista. No papel, o partido estava no poder no estado na virada do milênio, na figura exemplar do ex-presidente Itamar Franco. Itamar era candidato natural à reeleição, mas os subterrâneos do partido gravitavam em torno de outros nomes. Percebendo dificuldades, Itamar desistiu e abriu uma dissidência dentro do PMDB.

De minha parte, eu avaliava uma campanha ao Senado que, levando em conta a projeção que eu ganhara como presidente da Câmara, indicava um possível sucesso, até onde é possível prever um resultado dentro das incertezas que costumam marcar qualquer eleição. Tranquilo, aproveitei o recesso parlamentar para descansar na Chapada dos Veadeiros, em Goiás, um paraíso de chalés, cachoeiras e caminhadas que nos fazem esquecer a vida. Era início de 2002. Em Minas, a campanha ainda bocejava, no marasmo das indefinições, e a única certeza que despontava no horizonte era que, ao atropelar Itamar Franco, Newton Cardoso pretendia mesmo ser candidato a governador.

Eu já havia sido surpreendido pelo aceno do governador Itamar, do PMDB: se eu fosse candidato, ele me apoiaria. Não tinha com Itamar a intimidade que haveria de ter poucos anos depois. Nossos encontros ainda guardavam a formalidade do "senhor" e do "doutor", mas me surpreendeu que aquele líder visceral a quem acusavam de ser casmurro e rancoroso viesse oferecer apoio político e eleitoral a um político do PSDB.

Itamar Franco, com estofo de estadista e alma de patriota, decidiu olhar para o futuro de Minas. Por alguma razão, acreditava que o futuro passava por mim. No encontro que tivemos, antes de minha escapada de alguns dias para o paraíso terrestre, ele me expôs com clareza sua opinião. Nosso estado precisava de alguém que fosse capaz de olhar para o futuro em vez de replicar práticas do passado. A seu lado, o ex-deputado, ex-ministro, ex-governador e fiel escudeiro José Aparecido de Oliveira assentia com a cabeça.

Já tinha eu, àquela altura, suficiente experiência para saber que, na política, as melhores intenções, as mais honestas promessas podem se esfumaçar, sacudidas pelo acaso e pelas circunstâncias, na neblina do dia seguinte. Confiava na sinceridade de Itamar e do José Aparecido, mas, iluminado pela cautela que meu avô Tancredo me teria recomendado, e que eu mesmo aprendi a ter, pedi a eles uma garantia formal do compromisso de apoio. Temia uma reviravolta nas disputas internas do PMDB; que Itamar voltasse para os braços de seu partido; que me deixasse falando sozinho na caminhada para o governo do estado.

Encerrado meu ameno asilo no eldorado dos Veadeiros, liguei meu celular e à medida que me aproximava de Brasília mensagens ansiosas pipocaram, clamando por um encontro imediato com Itamar e Aparecido. Encontrei-os em Belo Horizonte, e cuidamos para que a conversa fosse discreta, longe dos recintos do poder. José Aparecido tomou a palavra:

– Como ficou apalavrado, aqui está a nossa garantia: o governador Itamar Franco acaba de se desfiliar do PMDB.

Às pressões que eu já vinha sofrendo, de meu partido e de meus amigos, vinha se juntar inesperadamente a convocação caudalosa, inatacável, inescapável, daquela que era a maior de todas as lideranças de Minas. O governador. Um ex-presidente. Um homem de bem. E me lembrei do dr. Tancredo. Lembrei-me dos comícios de 1982. Das lutas de 1984. Da alegria e do sofrimento de 1985. No dia seguinte, minha campanha estava na rua.

Durante a campanha de 2002, eu me preocupei menos com as agruras do corpo a corpo – afinal, já conhecia o estado nas minúcias de sua geografia e de suas angústias, conhecia e era conhecido por companheiros de todos os cantos. Fui surpreendido, no entanto, com uma onda de ataques e calúnias patrocinada por adversários. Cheguei a temer que o embate, pelo desespero dos rivais previamente derrotados, pudesse rastejar por um lodaçal de infâmias. Mas Minas é, desde o século de Tiradentes, um baluarte da civilização. O caráter de Minas, presente em diferentes correntes políticas, acabou falando mais alto. A onda de mentiras e baixarias acabou, como um bumerangue, se voltando contra a imagem de quem a patrocinara.

Tive o apoio de uma coligação de oito partidos, além do meu, o PSDB. O PMDB, debilitado pelo gesto de honradez de Itamar, ficou refém de Newton Cardoso. Ganhei no primeiro turno, com 58% dos votos. Primeiro governador eleito em primeiro turno. Um total de 5.282.043 mineiros confiaram em mim. Aquilo que começara com a feição de um acaso se consolidara como uma responsabilidade acachapante. Arrastado numa maré de expectativas, a única coisa que eu tinha a fazer era me dedicar ao máximo para devolver a Minas o sonho que Minas inteira compartilhava comigo.

Aécio durante a posse do governo de Minas, com a filha Gabriela, em janeiro de 2003.

16

Choque de realidade

A TRANSIÇÃO entre o governo Itamar e o meu foi penosa. Quanto mais informação obtínhamos sobre a realidade do estado, mais aguda a percepção sobre as imensas dificuldades em que Minas estava imersa.

O impasse entre o governo estadual e o governo federal só fazia uma vítima: os próprios mineiros. A administração estadual sofria uma crise de paralisia. A inércia e o marasmo emperravam as iniciativas do governo.

Em janeiro de 1999 – marco zero de sua administração em Minas e do segundo mandato de Fernando Henrique na Presidência –, Itamar declarou unilateralmente a moratória da dívida do estado com a União. Seria, nas palavras do governador, uma resposta ao bloqueio de verbas federais que deviam ser repassadas para Minas. Também unilateralmente, o governador de Minas decretava o rompimento de suas relações pessoais com aquele a quem recrutara como ministro e, depois, apoiara como candidato a presidente.

A equipe econômica de Fernando Henrique aceitou o desafio: só liberaria os recursos se Minas pagasse suas dívidas – ou pelo menos acenasse com uma negociação, com um reescalonamento.

Fernando Henrique teve a perspicácia de entender a verdadeira natureza do impasse e, ao perceber que ele chegava ao nível do insuportável e do inconveniente, convocou a mim. Já que Itamar Franco recusava qualquer aceno de entendimento, o presidente pediu que eu servisse de embaixador em prol de uma difícil trégua e uma perspectiva de paz.

Itamar era velho amigo da minha família. Meu pai foi candidato a vice dele, quando Itamar disputou o governo, em 1986, contra o PMDB de Newton Cardoso e, mais ainda, contra o rastilho de ufanismo com que o Plano Cruzado tinha incendiado o país. Eu, pessoalmente, serei sempre grato a ele pelo apoio que me daria mais tarde, em 2002, e pela sua calorosa presença no comício final da minha campanha, em Juiz de Fora, sua terra. Nesta ocasião, Itamar fez um discurso emocionado e previu que "o neto de Tancredo" iria um dia resgatar o percurso histórico do avô e chegar ao Palácio do Planalto.

Naquele ano de 1999, porém, o clima era outro, e eu tive de levar comigo todas as minhas ferramentas de diálogo. Sabia que Itamar ia tocar num assunto melindroso que azedara ainda mais as relações dele com o governo federal. O governador andava melindrado com o debate em torno da privatização de Furnas Centrais Elétricas proposto por alguns setores. De fato, o governo do PSDB promovera privatizações em setores estratégicos, especialmente no da telefonia, livrando a União de alguns pesos-mortos e convidando a iniciativa privada, com sua agilidade, a participar mais ativamente da modernização da economia brasileira. E havia pressão para que a desestatização fosse maior.

Na condição de líder do PSDB, eu já me posicionara contra a privatização de algumas empresas. Estava também disposto a ouvir o governador Itamar sobre a questão de Furnas e levar ao governo federal seus argumentos. Eu me lembro que encontrei Itamar Franco no Palácio da Liberdade no final de maio daquele ano de 1999. Nem um mês depois, o governo federal, em gesto de boa vontade, liberou recursos de entidades filantrópicas de Belo Horizonte. Fiquei feliz ao constatar que o presidente Fernando Henrique, ele próprio, interferiu junto ao Ministério da Previdência para que o dinheiro fosse liberado.

Ao me inteirar do que me esperava no governo, me assustei. A posse, no dia 1º de janeiro de 2003, presumia um ritual festivo. Eu chegaria à Assembleia Legislativa para o juramento no carro usado por Juscelino Kubitschek ao assumir a Presidência, em 1956. Levaria no bolso a caneta do meu avô, tão carregada de simbolismo. Minha filha Gabriela me acompanharia na chegada ao Palácio da Liberdade. Mas como pensar em festa quando a realidade das contas públicas dizia que não havia nada a comemorar?

– Você sabe como é o Malan – brincou Fernando Henrique, referindo-se ao estilo rigoroso do ministro da Fazenda.

Aécio acompanhando o presidente eleito Tancredo Neves, em visita ao papa João Paulo II, em 1985.

17

Além das fronteiras

O AJUSTE fiscal em Minas foi feito - em linguagem de futebol - no peito e na raça. Mas as mudanças profundas implantadas em Minas só obtiveram êxito porque pude contar, de um lado, com o apoio de uma extraordinária, competente e apaixonada equipe. E, de outro, com a confiança da população, que percebia o esforço e a honestidade de propósitos do governo. Decretei, como contei antes, um rigoroso controle sobre os gastos. Fora os R$ 2,3 bilhões de déficit, em 2003, cabia ao novo governador a responsabilidade por R$ 5 bilhões em contas a pagar para fornecedores do estado. Instituí o pregão eletrônico pela internet para as futuras compras e para os leilões da dívida pública. O objetivo era estimular a concorrência entre os fornecedores e chegar ao ideal da "transparência 100%" nas nossas despesas.

Com o caixa zerado, eu precisava buscar recursos para investir. Sabia que não teria nenhuma complacência por parte do governo federal. Consciente de que Minas tem, em sua economia, fôlego suficiente para crescer, com seriedade, e de forma sustentável, decidi mostrar ao mundo nosso potencial.

Naquela época eu tinha certeza de que não poderia passar quatro anos "arrumando a casa" para somente a partir daí iniciar a implantação de melhorias nos serviços públicos. Construímos uma agenda de desenvolvimento, com base no duplo planejamento. Ao mesmo tempo em que medidas duras e necessárias foram tomadas, iniciamos o planejamento de médio e longo prazos para recuperar a autoestima dos mineiros e alavancar o desenvolvimento do estado. Essas agendas aconteceram de forma simultânea.

Mesmo com todas as dificuldades, sempre acreditei que era possível. E todos que trabalharam comigo naquela época devem se lembrar de me ouvir dizer, quase como um lema: o governo pode e precisa funcionar bem. Era uma tarefa difícil; a moratória decretada pouco tempo antes deixara marcas de desconfiança.

"Sou brasileiro, sou mineiro, sou cidadão limitado por fronteiras fatais", escreveu Otto Lara Resende, ele mesmo um mineiro sem fronteiras. Palavras de poética sabedoria – estão no texto do Otto que li ao tomar posse no Palácio da Liberdade, no dia 1º de janeiro de 2003. O mineiro, provinciano de fachada, por conveniência da modéstia, tem dentro de si um cosmopolita à espreita.

Adolescente, fiz minha primeira viagem ao exterior. Fui à Europa, nas férias escolares, com aquela curiosidade de mochileiro sem rumo e pouco dinheiro no bolso. Tive, então, o privilégio de me encontrar em Roma com dom Lucas Moreira Neves, primo de meu avô Tancredo. Dom Lucas me levou para conhecer o Vaticano. Passamos por áreas de acesso restrito a prelados e funcionários. Eu me lembro de meus trajes bem profanos: botinas e um velho casacão.

Eu voltaria ao Vaticano com meu avô no início de 1985, na viagem que ele empreendeu para se apresentar às lideranças mundiais como presidente eleito do Brasil. Minha avó Risoleta o acompanhou. Portugal, Espanha, França, Itália e, depois, Estados Unidos, Peru e Argentina. O retorno com Tancredo ao Vaticano foi emocionante. Mas, com o resto da comitiva, tive de esperar por quase uma hora do lado de fora do gabinete pontifício enquanto o sumo sacerdote da Cristandade, João Paulo II, conversava reservadamente com o alto mandatário da maior nação católica do mundo. À saída, meu avô contou que conversaram em português.

Ajudei a agendar, na Itália, à margem dos compromissos empresariais e políticos, um encontro carregado de afetividade simbólica. O presidente da democracia reconquistada iria receber uma seleção de craques do mais democrático dos esportes: o futebol. Dos que lá jogavam, apareceram todos: Sócrates, Toninho Cerezo, Júnior, Zico, Batista, Edinho, Dirceu. Brasileiros que triunfavam no exterior. Brasileiros que traziam orgulho ao país.

Na França, o presidente François Mitterrand transformou em informalidade a frieza do protocolo. A empatia de Mitterrand com meu avô foi tanta que ele nos convidou, fora da agenda oficial, para um jantar em sua casa de campo na região de Bordeaux. Convidou Tancredo, a minha avó Risoleta e o neto. Eu observava tudo com curiosidade. Não havia de supor como aquilo me seria útil, no futuro.

A afeição por Tancredo foi tão sincera que, ao visitar o Brasil, anos depois, Mitterrand insistiu em prestar tributo pessoal a meu avô visitando o túmulo dele em São João del Rei.

O presidente Fernando Henrique, muito depois, iria instigar minha vocação cosmopolita. Convidou-me a acompanhá-lo numa visita oficial aos Estados Unidos. Foi em novembro de 2001, e o país se encontrava turvado pelo trauma do 11 de setembro. Visitamos, emocionados, os escombros do World Trade Center. Participei da audiência com o presidente George W. Bush. Na Assembleia-Geral da ONU, fui apresentado a um distinto elenco de chefes de Estado.

E então já estávamos em 2004: chegara minha vez de comandar a comitiva. E levava um trunfo na manga. Em menos de dois anos, nós tínhamos atingido em Minas a meta do déficit zero. Só assim é que – sabíamos nós – o Banco Mundial e o Banco Interamericano de Desenvolvimento, o BID, ouviriam nosso pleito. Nós, em Minas, precisávamos de recursos para investir em áreas básicas. Tanto o Banco Mundial quanto o BID funcionam como agências de fomento. O crescimento das economias ainda fragilizadas, subdesenvolvidas ou emergentes é o objetivo de sua ação, que acontece por meio do incremento dos fluxos financeiros e das trocas mundiais. Minha equipe e eu sabíamos: obter os financiamentos externos exigia mais do que belas palavras e brilhos de sedução.

Levamos a Washington uma proposta firme e, modéstia à parte, revolucionária. O Banco Mundial, assim como o BID, operam na base da reciprocidade: para cada dólar emprestado, exige-se reciprocidade da parte de quem pede o empréstimo. Minas não tinha um centavo para cumprir qualquer tipo de reciprocidade. O que fazer? Propusemos trabalhar por resultado. Eles liberariam o recurso em parcelas, de forma progressiva, e nós estabeleceríamos, juntos, metas a serem cumpridas. O fluxo do empréstimo seria prontamente interrompido se os termos do acordo não fossem obedecidos.

Indo ao que interessa: Minas conseguiu os recursos necessários para colocar a máquina para andar, o que demonstrou a confiança de Minas junto aos organismos de fomento internacional. Fizemos o dever de casa e viramos exemplo para outras experiências pelo mundo afora. Em artigo para a *Gazeta Mercantil*, o diretor do Banco Mundial, John Briscoe, escreveu: “Minas Gerais é hoje uma referência para trazer para o centro do debate político o tema da gestão pública associada à qualidade fiscal, à inovação na administração pública e ao uso dos instrumentos de monitoramento e avaliação de impacto. No entanto, há seis anos o cenário era adverso”. E o diretor-geral e vice-presidente sênior do Banco Mundial, Vinod Thomas, confirmou: “Por seu enfoque social, este é um bom exemplo de ajuste para outros países e estados”.

É difícil ver credor elogiando devedor. Nós conseguimos isso. Eles vinham a Minas, eu os recebia, e eles acompanhavam os resultados. Mas não era a às agências internacionais que a gente queria prestar contas – era ao povo de Minas. Em 2003, quando assumi, os investimentos públicos foram de 3,6 bilhões de reais. Em 2009, conseguimos 11 bilhões de reais para gastar em prol da saúde, do transporte, da educação e da infraestrutura do estado. Eu estava no meu segundo mandato. Fui reeleito em 2006, no primeiro turno, com 77% dos votos. Um candidato pode ler de duas maneiras as estatísticas de uma eleição. A primeira: "olha como gostam de mim". A segunda: "olha como querem que eu faça ainda melhor". Embora menos confortável e mais desafiadora, é desta segunda maneira que passei a encarar meu novo mandato como governador de Minas.

18

Choque de gestão

– IH, lá vem o Aécio com essa história de choque de gestão.

Mesmo os amigos que torcem por mim brincam com isso. Sinto muito, não dá para escapar do assunto. Choque de gestão não é um jogo de palavras. É a certeza de que não há medida de maior alcance do que a correta utilização do recurso público. Choque de gestão é um jeito de governar que dá resultado. Perguntem lá em Minas se não dá.

Choque de gestão é, primeiro, um tratamento radical contra toda e qualquer tradição de clientelismo. Antes de viver por oito anos, como governador de Minas, as tensões cotidianas do Executivo, passei pelo Parlamento e ali acatei a tarefa literal do cargo: parlamentar. É um aprendizado e tanto. Meu avô Tancredo costumava brincar que deveria estar previsto na Constituição este pré-requisito: cargo executivo só para quem tiver estagiado em alguma casa legislativa, para exercitar a humildade e a paciência.

Negociar, eu sabia – o Congresso me ensinara. Mas no Executivo há coisas que são inegociáveis.

Ao assumir o governo de Minas, chamei os grupos políticos que tinham me apoiado na eleição e avisei que tinha chegado ao fim o tempo das nomeações políticas. Acabou, ponto. A rotineira partilha dos cargos do serviço público entre os aliados, a partir do primeiro escalão, não existia mais.

Com minha equipe técnica, criei critérios para evitar que pessoas ocupassem cargos para os quais não tinham capacitação. Passamos a estimular a certificação dos servidores por meio de entidades independentes, como a UFMG. A meritocracia, o merecimento, passaria a prevalecer sobre o compadrio.

E a gestão de pessoas, um importante pilar da administração pública, passou a ser pautada pelas competências profissionais, com foco na meritocracia. Como? A partir de investimento no desenvolvimento e profissionalização dos servidores, promovendo a instituição ou reestruturação dos planos de carreira – o que atendeu a uma reivindicação histórica –, a instituição da certificação ocupacional e da avaliação de desempenho e também por meio do pagamento do Prêmio por Produtividade, uma bonificação em dinheiro pelo cumprimento de metas pactuadas pelos secretários e dirigentes com o chefe de Estado e também pelas equipes. Cada hospital, cada escola, cada equipe pactua as metas de trabalho.

Ainda que quisesse, não haveria outra alternativa: meu governo só teria sucesso se eu desafiasse os velhos hábitos, sacolejasse a burocracia, revolucionasse a administração pública. Insisto: era a única alternativa. Minas estava falida. Um estado em crise. A crise – e isso vale para as instituições tanto quanto para os seres humanos – pode ser o início de uma fecunda transformação.

– Vou governar com vocês, mas para Minas – disse aos nossos aliados. – Vocês serão prestigiados pelo governo, mas de outra forma. Vocês estarão lado a lado com o governo. Serão informados de todas as ações em favor da comunidade. Terão acesso direto ao governador para trazer as demandas legítimas dos municípios.

Mas o que meu governo viesse a fazer seria decidido por critério técnico. O sistema se provaria eficaz para todos.

Uma vez à frente do governo, decidi cortar o salário do governador pela metade. Não ia resolver o déficit das contas públicas com isso, mas sei que a política também se faz com gestos simbólicos. Reduzi o número de secretarias, de 21 para 15, porque Estado inchado é sintoma de Estado doente. Extingui cerca de três mil cargos e funções que eram preenchidos sem concurso público. E centralizei a folha de pagamentos na Secretaria de Estado de Planejamento e Gestão, para ter o controle radical das despesas de custeio.

Choque de gestão não é enxugar, é também saber remanejar. Salas de aula ociosas e professores ociosos foram mapeados e realocados. Para o cidadão que quer uma vida melhor (repito: o Estado tem de dar condições e oportunidades, mas quem melhora a própria vida é o cidadão), a Educação tem de ser o foco. Defini-a como minha prioridade.

O que tenho a contar ao Brasil não é o que prometo fazer – é o que posso fazer, com base no que já fiz.

Tínhamos baixado para 6 anos a idade mínima, em Minas, para ingressar no ensino fundamental. Esta regra já estava prevista na lei federal, e nós ousamos implantá-la no estado. Fomos o primeiro estado do Brasil a universalizar o ensino fundamental de nove anos de duração, com início aos 6 anos de idade. Hoje, nos resultados de avaliações nacionais, os alunos do ensino fundamental de Minas obtêm os melhores resultados do país. Além disso, implantamos o Programa de Avaliação da Alfabetização (Proalfa), um exame para verificar o nível de alfabetização das crianças do terceiro ano do Ensino Fundamental – majoritariamente crianças de 8 anos.

O Proalfa tinha, como tudo no meu governo, uma meta. Os primeiros cem mil alunos seriam avaliados dois anos depois. Em 2006, cerca de 46% das crianças de 8 anos liam e escreviam corretamente. Na última avaliação, já no governo de meu sucessor, Antonio Anastasia, eram 93,1%. Dispõem hoje de uma base para seguir em frente em seu aprendizado. Este é um dos resultados concretos do nosso trabalho dos quais mais me orgulho.

Implantamos também, em 2007, o Poupança Jovem. O objetivo era e é atender estudantes do ensino médio da rede pública estadual onde há índice de abandono da escola superior à meta do estado. O objetivo é, em dez anos, atingir 10% dos alunos. Ao final do ensino médio, cada estudante beneficiado recebe uma bolsa poupança de R$ 3 mil para dar prosseguimento à sua vida.

Depois do meu primeiro governo, estruturei um grande programa de combate à extrema pobreza chamado Travessia. Muita gente pensa que o nome tem origem na música, mas na verdade nasceu da nossa vontade de que a população consiga atravessar com segurança o caminho da exclusão para a inclusão. O Travessia é uma ação integrada que atende famílias e cidades e que desde 2007 já esteve em trezentas cidades do estado. Sempre com o compromisso de garantir que as pessoas em situação de pobreza tenham acesso a direitos e a oportunidades.

O choque de gestão em Minas melhorou de forma significativa os principais indicadores sociais, não só na Educação, mas igualmente na Saúde, na Segurança Pública, nos Transportes. Antes de meu governo, o IDH de Minas era médio, e conseguimos com muito trabalho chegar a um IDH alto num estado com tantas contradições. O rigor fiscal que implantei não se confunde com a ideia de um governo ausente e inoperante. Ao contrário: sabendo administrar, dá para gastar. E – ao contrário do que eventualmente ouço por aí – é preciso gastar.

Dou um exemplo: há 853 municípios em Minas, e 229 deles não tinham ligação por asfalto quando assumi. Hoje, 214 estradas já ficaram prontas.

Lembro de um episódio curioso: o diretor do DER, o Departamento Estadual de Estradas de Rodagens, veio ao meu gabinete apresentar uma conta. Havia uma cidade, no extremo sudoeste de Minas, que ficava a 110 quilômetros da última conexão de asfalto conhecida. O engenheiro calculou quanto custaria a estrada e levantou o número de habitantes do município a ser beneficiado. Veio me dizer, brincando:

– Pelo dinheiro que vamos gastar, dá para comprar um pequeno apartamento na capital para cada um dos habitantes. Vamos fazer, assim mesmo?

Não havia dúvida: fizemos. Primeiro, porque todos os mineiros merecem as mesmas oportunidades. Segundo, porque essas estradas são o caminho para um futuro melhor para milhões de pessoas.

Não existe cidadão melhor ou pior do que outro. Eu já teria ficado pelo caminho, em três décadas de política, se essa convicção não acordasse comigo, todas as manhãs, e não fosse dormir comigo, todas as noites.

Aécio com o arquiteto Oscar Niemeyer em reunião sobre a Cidade Administrativa.

19

Niemeyer

ÀS VEZES eu mesmo me surpreendo ao me ver sorrindo nas fotos enquanto exercia o governo em Minas.

É pesado, sim, administrar expectativas e carências, quando o déficit social, mais do que o financeiro, é gigantesco, como é em todo o país. É difícil, sim, driblar cotidianamente as ciladas do varejo político. Mais fácil seria vestir – como vejo por aí afora – a couraça da indiferença, deixar as oportunidades se esvaírem pelo caminho da inércia e da omissão. Trabalhei duro, e ainda assim o Executivo me deixou feliz pelo que pude fazer.

Ser governador de Minas concede a você o privilégio de conhecer e conviver com pessoas extraordinárias. Penso, por exemplo, em Oscar Niemeyer. Lembrei dele, imediatamente, quando decidi realocar o núcleo da administração pública numa área de renovação urbanística, distante do centro, de forma a aliviar o convulsionado centro da capital mineira. Pensei em Oscar Niemeyer para o projeto da Cidade Administrativa do Estado porque ele era o tipo do arquiteto que se empolga quando convocado para uma missão dessas. É bom lembrar que já estava, à época, próximo dos 100 anos.

Fui procurá-lo no escritório dele em Copacabana. Tive o privilégio de conhecê-lo e de levá-lo de volta a uma Belo Horizonte que já tinha tatuadas em sua paisagem as marcas históricas do lendário traço do mestre e de seu extraordinário talento. O reencontro de Niemeyer com Belo Horizonte teve, para nós e, estou certo, também para ele, o sentido de um reatamento amoroso.

Foi na ainda acanhada capital mineira dos anos 1940 que o jovem arquiteto começou a dar vazão a seu potencial de artista muito à frente de seu tempo. Sob a égide do então prefeito Juscelino Kubitschek, o arquiteto concebeu – dizem que de um fôlego só, num pequeno quarto de hotel – o magnífico conjunto modernista da Pampulha, que marcaria para sempre a identidade de Belo Horizonte. Daí floresceria a profícua parceria que produziu outro monumento ao futuro: Brasília. Dois visionários, Juscelino e Niemeyer. Mensageiros de uma linda utopia. Uma nação que se pretende grande não pode prescindir de gente assim.

O Oscar se foi – assim ele gostava de ser chamado, na informalidade de velhos novos amigos –, mas busco me espelhar no que aprendi com sua formidável vitalidade.

Seremos, se não estivermos atentos, meros reféns do dia a dia. Nem sempre nos sobra tempo e disposição para romper com a rotina e vislumbrar o que se descortina à nossa frente. Encastelados no território confortável do presente, nos assalta, muitas vezes, a perplexidade do futuro. E, diante de tantos obstáculos, acabamos correndo o risco de nos rendermos às dificuldades quando deveríamos, sempre, transformar nosso inconformismo em ousadia.

A Cidade Administrativa foi inaugurada em 4 de março de 2010 – o dia do centenário de meu avô Tancredo Neves. Oscar Niemeyer não assistiu à solenidade, avesso que era a esse tipo de coisas.

Mas é como se ele estivesse lá presente, na simplicidade grandiosa de sua obra. Recepcionei o vice-presidente José Alencar, mineiro de ótima cepa, o ex-presidente Itamar Franco, tantas personalidades, tantos amigos, minha mãe, minha família. E tive dificuldade em chegar ao final do discurso, a voz embargada pela memória.

O rearranjo geográfico da administração seguia, e reiterava, o eixo novo em cujo leito a cidade ia fatalmente se expandir. Desde 2004, os voos comerciais tinham sido transferidos da Pampulha para Confins. O Aeroporto Internacional Tancredo Neves trazia segurança, comodidade e um cardápio de voos adequado a um contingente cada vez maior de passageiros. O acesso foi facilitado pela Linha Verde, na qual investimos 300 milhões de reais. Outros 190 milhões foram injetados, em colaboração com a Prefeitura, na construção de novas pistas e novos viadutos na Avenida Antônio Carlos, alternativa para o aeroporto.

Não me incomodo em fazer de uma cerimônia oficial que se anuncia cinzenta e melancólica a confirmação de minha vocação para a alegria. Os viadutos da Linha Verde, por exemplo, foram batizados com nomes de poetas e escritores de Minas. Estão lá, devidamente lembrados, Guimarães Rosa, Carlos Drummond de Andrade, Fernando Sabino, Paulo Mendes Campos, Otto Lara Resende, Hélio Pelegrino, Pedro Nava e outros do melhor time das letras. As famílias nos prestigiaram com sua presença, em dezembro de 2008, na inauguração coletiva. O que pode ser melhor do que ter poetas e escritores na nossa memória urbana?

A Cidade Administrativa nasceu para cumprir três missões básicas. E cumpriu.

A primeira, gerar economia para os mineiros. Quando assumimos o governo, a administração estadual se espalhava de forma improvisada por mais de cinquenta endereços, gerando desperdícios e ineficiências. Ao centralizar a administração em um mesmo local, economizamos por ano mais de 100 milhões de reais. É importante lembrar que a Cidade Administrativa foi construída sem nenhum recurso do tesouro estadual. Em outras palavras, os recursos utilizados na obra da Codemig, empresa de desenvolvimento do estado, não podem ser utilizados em saúde, educação, segurança. Mas os 100 milhões economizados todos os anos poderão servir aos mineiros nessas áreas.

O segundo objetivo foi induzir o desenvolvimento de uma área importante da região metropolitana de Belo Horizonte, em claro processo de empobrecimento. Basta passar por lá hoje para enxergar as oportunidades de emprego, renda e negócios geradas pela Cidade Administrativa.

O terceiro foi garantir melhores condições de trabalho para o servidor. Antes, o servidor público vivia uma realidade em que não era valorizado. A maior parte não possuía computador. Os ambientes de trabalho eram desiguais. Os "protegidos" tinham salas, outros eram obrigados a dividir até mesa.

Na Cidade Administrativa, todos os servidores são tratados com respeito e possuem estações de trabalho individuais e iguais. Cada um tem o seu computador. No primeiro dia de trabalho, cada um encontrou o seu nome na sua nova mesa.

Foram tomados vários cuidados na implantação da Cidade Administrativa. O preço médio da refeição permaneceu o mesmo que as pesquisas indicavam ser pago antes pelos funcionários. O estacionamento passou a ser gratuito. A localização tornou o novo local de trabalho mais próximo de casa para um grande número de servidores, especialmente os mais humildes.

Aécio com o pai, Aécio Ferreira da Cunha.

20

A dor que ensina

PERDI MEU pai num 3 de outubro – o dia em que fui eleito senador da República pelo meu estado de Minas Gerais. Três de outubro de 2010. Ele faleceu sem conhecer o resultado das urnas. Suas últimas preocupações foram com a minha eleição para o Senado e com a de Antonio Anastasia para o governo.

Já contei aqui quem foi Aécio Cunha e o modelo que tentei implantar, a partir dele, em minha atividade de político. Alguém me disse que a gente envelhece de fato é no dia em que perde o pai. Eu prefiro dizer: a gente amadurece. E como! É uma perda dolorosa, uma estranha sensação, em especial quando as trajetórias de pai e filho têm tanto em comum. Sabemos que, nesse dia fatal, a dor virá. Contudo, nunca estamos suficientemente preparados para ela. A morte é, em qualquer circunstância, cruel e incompreensível.

Aécio Cunha foi parlamentar por quase trinta anos. Tinha convicção irrestrita nos valores da política – a boa política, digna, ética, combativa e tolerante. Escuto em muitos jovens de hoje a voz de um ceticismo profundo, a descrença nas instituições democráticas, o cansaço diante da trapaça e da esperteza, e, nessas horas, a memória de meu pai me acode e me embala, na lembrança de sua militância doce, amena e bem-humorada, movida a otimismo e a paixão. É como se ele continuamente me soprasse ao ouvido o conselho da perseverança, apesar de tudo.

Ao perceber como as pessoas amavam e admiravam meu pai, naquele dia em que a vitória foi tão triste como nenhuma outra, e ao continuar colhendo provas disso ainda hoje, consola-me a ideia de que, afinal, apostar no bem e na decência não é causa perdida para quem elegeu a política como caminho.

Mais do que isso, herdei de Aécio Cunha o mais firme, o mais autêntico sentimento de família, e é nesse exemplo que me espelho no convívio com minha filha, a Gabriela, e que quero ter com Júlia e Bernardo, filhos meus e de Letícia, que acabaram de nascer. Somos três gerações diferentes, a de meu pai, a minha e a dos meus filhos. É compreensível que cada um de nós tenha sido e seja fiel ao espírito de seu tempo. No entanto, acredito com toda a fé deste mundo que há princípios permanentes na construção da vida familiar e na condução da experiência humana. Valores tão anacrônicos, talvez, como a amizade, a solidariedade e a honradez. Valores que aprendi com meu pai e que busco transmitir a minha filha, e que logo irei transmitir a meus filhos gêmeos. São valores que me fazem ser quem eu sou.

21

A intimidade da fé

A REPÓRTER de uma revista que acompanhou a mim e a alguns companheiros de partido numa viagem de avião estranhou que eu fizesse o sinal da cruz na hora da decolagem. Ela me perguntou se era medo de avião ou superstição. Respondi que certas coisas são inevitáveis, nem vale a pena pensar no assunto. Não sei se ela ficou satisfeita com a resposta, mas me benzer é o tipo de coisa que eu faço por hábito, mas também por crença. Se você pode ter uma proteção além daquela garantida pela tecnologia da máquina e a perícia do piloto, por que recusá-la?

Dias depois desse encontro, aconteceu o nascimento prematuro de meus caçulas, Julia e Bernardo, e enquanto oscilávamos entre a apreensão e a alegria, percebi, na imagem de minha mãe orando por Nossa Senhora e pedindo-lhe para envolver com seu manto protetor os seus novos netos, o sentido de uma fé que se confunde com a própria vida. Minha mãe rezava pelos netos assim como um dia pedira por seus filhos.

É isso: a religiosidade é para nós traço familiar, referência espiritual e atitude cultural, imprescindível para balizar nosso caminho na vida e dar contornos de esperança à paisagem do futuro. Professo minha fé com uma convicção íntima, sem efeito de exibição. Mas há momentos especiais, como a semana santa em São João Del Rei, em que o sentido da fé nos irmana e fortalece.

Aprendi com minha gente a respeitar as celebrações, sem prejuízo da reflexão que a fé deve impor dentro de nós. Desde as Minas Gerais dos mosteiros, dos seminários e das confrarias, a religião se confunde com nossa história.

Quando minha campanha para o governo de Minas se consolidou, em 2002, resolvi repetir um gesto de Tancredo e visitar, em Caeté, região metropolitana de Belo Horizonte, o Santuário Nossa Senhora da Piedade. Meu avô foi ao Santuário mais de uma vez, sempre em busca de amparo espiritual para suas mais difíceis jornadas políticas: as campanhas para o governo de Minas, em 1982, e para a presidência da República, em 1984.

É difícil descrever a emoção que sempre me abraça ao ingressar naquele recinto de tanto simbolismo. Lembro-me de quando lá estive em 2002. A lembrança de meu avô me invadiu. Acendi velas, rezei, pedi não a vitória, o que seria demasiado arrogante, mas a benção para a caminhada que se iniciava.

A eleição aconteceu alguns meses depois. Minha avó Risoleta, doente, não conseguiu votar ("o voto ficou no coração", me disse). Mas orou por mim. No dia seguinte, 7 de outubro, voltei ao Santuário de Caeté. Fui, já como governador eleito, receber a "bênção do bem comum". Ao retornar a um ambiente de tanta espiritualidade, eu buscava também deixar claro para o povo de Minas meu compromisso de, governador de todos, ser como um deles, fiel às coisas simples que são no entanto tão fundamentais e reforçam a coragem e a firmeza.

Desde então, visito o santuário no início de cada caminhada.

22

Polêmicas da vida

NUMA SOCIEDADE realmente democrática, não é o Estado que deve tomar conta do cidadão; é o cidadão que, com o amparo do Estado, deve tomar conta de si mesmo, exercer sua autonomia. O Estado deve criar condições e oportunidades para o crescimento coletivo e individual. Sou a favor do Bolsa Família, programa, aliás, que germinou no governo Fernando Henrique – e que hoje eu luto por aperfeiçoar, no Parlamento. Apresentei um projeto no sentido de transformar o programa em direito permanente dos brasileiros que dele necessitam, independente do governo de plantão. Mas esse tipo de medida de inclusão social é um degrau, uma etapa. É ponto de partida, não de chegada.

O que o cidadão deseja, não importa em que escala social ele esteja, são oportunidades. E tem esse direito. Governantes inconsequentes fazem da pobreza sua vitrine de campanha e disputam a sua administração em vez de lutar pela sua superação. A pobreza, na verdade, tem várias faces. O nível de renda está longe de definir, por si só, todo o universo da exclusão social. Se o desafio da pobreza não for enfrentado de forma completa, entendido na sua dimensão de privação de direitos básicos como saneamento, saúde, educação, entre outros, não iremos superá-lo. Quem erra no diagnóstico erra fatalmente no tratamento. O governo federal erra ao tratar a questão da pobreza pelo viés mais fácil que contempla apenas o critério da renda.

Aprendi, no governo, que o governo não é tudo – embora possa muito. É hora, então, de quebrar o círculo vicioso das expectativas sociais, frente a um governo que não consegue responder às demandas: quanto mais o cidadão espera do governo, mais o governo o frustra, o que o leva a reivindicar novamente e a frustrar-se ainda mais. Foi esse o caldo de cultura das manifestações de 2013, que se prolongam até hoje e se prolongarão ao infinito enquanto um governo de ideias claras não vier a definir, com limpidez, o papel do Estado e o papel da sociedade, de cada cidadão.

Há quem me pergunte, com justificada ansiedade, se eu não temo ver a campanha de 2014 afundada num perigoso atoleiro de calúnias e ataques infames. Por outro lado, me perguntam sobre o destaque a ser dado a temas tidos como polêmicos, como o aborto, a homofobia, o casamento entre pessoas do mesmo sexo, a discriminação contra a mulher, a descriminalização das drogas.

Tenho minha opinião sobre cada uma dessas questões e não sou de omiti-las. São temas importantíssimos que mobilizam a sociedade. Por isso mesmo, deveriam naturalmente se encaminhar para o lugar onde a sociedade, bem ou mal, se faz representar: o Parlamento. Não é tarefa do Executivo legislar sobre isso. Pode, sim – e deve –, intervir quando tais problemas extrapolam para a área da segurança pública.

Cito o caso das drogas. Admiro o trabalho de esclarecimento que o presidente Fernando Henrique promove, mas sou contra a descriminalização das drogas. Vejo com tristeza a praga social que é o crack chegar a cidades médias e pequenas do interior do país, devastando uma juventude sem sonho e sem esperança.

O governo deve, sim, fiscalizar as fronteiras com rigor, o que não acontece hoje em dia. Os produtores de drogas pesadas estão nas vizinhanças do País e encontram facilidade em fronteiras sem vigilância alguma. O mesmo caminho percorre o tráfico de armas. É inimaginável que o país permita, inerte, que armas de grande calibre, metralhadoras, granadas cumpram o percurso de milhares de quilômetros sem controle, sem repressão. Um Plano Nacional de Segurança é meu projeto número 1. Como tenho dito, apoio a legislação atual sobre o aborto. Defendo uma sociedade que respeite as diferenças, todas elas.

Aécio discursa durante convenção nacional do PSDB, em que foi escolhido candidato do partido à presidência da República (foto: Orlando Brito).

23

Um projeto de todos

SÓ O fanático não tem dúvidas. Esta frase, se não é de Nelson Rodrigues, poderia ser. E só o covarde – acrescento eu – não tem convicções. Mas, entre a dúvida e a convicção, entre a pusilanimidade e o sectarismo, descortina-se amplo espaço para que floresçam a reflexão, a busca do conhecimento e o exercício permanente da inventividade. Ninguém é dono da verdade. Está na hora de pensar grande – de pensar um país grande.

Relembro esse cáustico filósofo do cotidiano que foi Nelson Rodrigues, esse cético de carteirinha, não para me resignar à indigência ética, que caracteriza o atual jeito PT de governar, e sim, ao contrário, para reagir à miudeza de um varejo político aprisionado na indolência e voltado para o imediatismo. Ao grau zero de criatividade da claque do continuísmo, cabe à oposição contrapor a responsabilidade cívica de pensar, ousar, discutir, debater, divergir e convergir.

Em maio de 2013, meus companheiros do PSDB me elegeram presidente de um partido que, desde o berço, cultiva essa saudável mania de pensar com liberdade e refletir com amplidão. Não por acaso temos entre nós muitas das melhores cabeças pensantes da nação. Pensar e repensar o Brasil não é um capricho intelectual, é a lição de casa cotidiana da política e dos políticos.

O PSDB tem no Instituto Teotônio Vilela o seu núcleo ativo de reflexão. Quem já teve a prerrogativa de assistir a um ou outro de seus seminários, de percorrer o repertório de ideias originais, brilhantes, de vários brasileiros, compreende claramente que o que é ali proposto extrapola uma mera agenda de alternativa de poder. De mais a mais, gosto de ressaltar, qualquer seminário em que o presidente Fernando Henrique esteja presente será sempre garantia de que não é por falta de estoque de competência que o Brasil continua paralisado.

Vejam só a minha responsabilidade, como presidente de um partido como esse. Um partido com lideranças de respeito e visibilidade nacionais, figuras como o ex-governador José Serra, o governador Geraldo Alckmin, o ex-governador Tasso Jereissati, o senador Aluísio Nunes – e um quilométrico etcetera. O PSDB é um partido de personalidades fortes, no qual ninguém se acanha de expor sua opinião – o que por vezes se traduz em uma atuação que parece estranha à prática política brasileira. Eu não gosto do consenso imposto pelo silêncio. Para convergir, primeiro é preciso divergir.

Em maio deste ano, o PSDB me indiciou para ser seu candidato à presidência da República. As lideranças do partido me apóiam e me incentivam. Quando escutei, tempos atrás, o sábio alento de Fernando Henrique, aquele "vai em frente, Aécio" que reassegura a certeza da caminhada, não tive mais dúvidas de me submeter a esse papel histórico.

Sou avesso a arrogância. Reconhecer o talento do outro, formar uma boa equipe, é característica importante de um homem público. Aprendi em Minas a máxima que diz: se ninguém consegue dominar todo o conhecimento, cerque-se dele. Foi o que fiz como governador – e o que pretendo fazer sempre. Trouxe para o meu lado figuras altamente qualificadas, independente da origem partidária, a maioria delas, aliás, sem partido político. Minas se converteu num importante laboratório de gestão pública, e vocações se revelaram. Cito com especial amizade o secretário Antonio Anastasia, que viria a me suceder no governo e hoje desenha para o bem de Minas uma vitoriosa trajetória na política.

Há doze anos o Brasil navega na inércia dos fatos consumados. Enquanto foi possível, surfamos na onda de prosperidade mundial. Agora, aguardamos, com perplexidade entorpecida, que a conjuntura internacional venha magicamente em nosso resgate. Ao governo Dilma, distraído entre o gerenciamento medíocre da "governabilidade" e a farra corporativa dos companheiros, falta o combustível da energia criativa capaz de conduzir as reformas estruturais – na economia, na administração pública, na educação, na infra-estrutura – que fariam o Brasil mudar de patamar.

Temos, minha equipe e eu, sugestões de alto alcance estratégico, outras de simplicidade surpreendente. Temos pessoas qualificadas. Ideias é que não faltam. Temos motivação. Disposição para aplicá-las, também temos.

Temos que discutir, por exemplo, o tema da reeleição. Sou contra. É muito desigual a relação entre quem, estando no poder, usa-o numa campanha e quem, sem o benefício do aparato estatal, oferece ao país um outro ponto de vista. Mesmo que haja um rígido controle por parte dos tribunais eleitorais, o desequilíbrio sempre há de existir. Minha proposta são mandatos de cinco anos – sem reeleição. E nem prorrogação dos atuais. Mais: a lógica da reeleição acaba interferindo na rotina da administração, seja da prefeitura, do governo estadual ou da presidência.

Tentaram me jogar contra o presidente Fernando Henrique, lembrando que foi no governo dele que se adotou a reeleição. Eu mesmo apoiei a experiência. Hoje penso que não fez bem ao país. A intriga não funcionou. Fernando Henrique foi a primeira pessoa a quem externei minha opinião. "Percebi na prática que não é bom para a vida democrática", esclareci ao mentor de todos nós. Fernando Henrique ouviu e aceitou. Ideias se discutem; mas convicções, ele sabe, não se negociam. Essa é a diferença entre nós e outras correntes políticas que existem no país

Manifestantes ocupam o Congresso em junho de 2013.

24

O sonho brasileiro

NINGUÉM ESPERAVA, mas aconteceu. E aquele junho de 2013 vai ficar para sempre como marco fundamental da fundação de um novo Brasil que floresce.

As ruas se encheram, incontroláveis, derramando indignação. Guardei comigo uma imagem precisa, reproduzida à exaustão na internet e nos jornais, de alguém segurando um cartaz no meio da multidão que resumia o espírito dos protestos: "Desculpe o transtorno! Estamos consertando o Brasil!!!"

O vento forte da mudança finalmente havia alcançado o país, sinalizando a progressiva formação de uma nova consciência, um novo senso crítico coletivo, essencial para fazer o contraponto à propaganda salvacionista, manipulada e distante da realidade nacional.

Muitos se debruçaram para tentar entender a motivação que dava origem às manifestações que reuniam milhares de pessoas. Outros tantos lamentaram o fato de elas terem terminado sem que nenhuma conquista de maior significado pudesse ser celebrada.

A mim, chamou a atenção o forte sentimento de solidariedade que marcou os primeiros atos. A alegria da descoberta do outro, o sentimento de povo e nação. De forma espontânea, por um breve período, tivemos a oportunidade de nos reconhecer uns nos outros. E isso é muito valioso.

Quem anda pelo país e mergulha na realidade dos grandes problemas nacionais sabe o que mobiliza esta nova energia dos brasileiros. Mobiliza-nos a indignação e a esperança. O país vive uma crise sem precedentes de natureza ética.

No dia a dia, duas áreas cruciais à vida das pessoas – saúde e segurança – revelam de forma especial o fracasso do atual governo.

Parece inacreditável, mas é verdade: o governo federal responde ao regime de grave precariedade e insuficiências de toda ordem no atendimento à saúde na contramão do bom senso – reduzindo a sua participação no setor! A participação federal caiu de 53%, em 2001, para 45 % do total de recursos investidos na área.

Ninguém entende como foi possível levar onze anos para "descobrir" o déficit gigantesco de mais de 50 mil médicos no país e como o governo pode esperar vencer os desafios da área com propaganda. Num momento em que conseguir vaga em um hospital público é um desafio, como é possível constatar o fechamento de 13 mil leitos hospitalares só nos últimos anos?

Na segurança é ainda pior: a participação federal resume-se a 13% do total de gastos. Ou seja, 87% de tudo que se investe para combater o crime e a violência no país vêm dos cofres estaduais e municipais. Como se isso não bastasse, os fundos constitucionais que financiam as ações nesta área permanecem cronicamente contingenciados.

O resultado é isto a que se assiste: a explosão da criminalidade, com mais de 50 mil mortos por ano no país, grande parte deles, jovens – uma geração inteira vítima ou aliciada pelo crime.

Na prática, o governo central virou as costas para a saúde e a segurança pública e hoje se limita a transferir e terceirizar responsabilidades a estados endividados e municípios beirando a insolvência.

O já anêmico pacto federativo simplesmente acabou. Vivemos hoje uma das maiores concentrações de recursos, poder e mando em Brasília da nossa história. Não há diálogo, não há compartilhamento de responsabilidades, não há solidariedade federativa.

De outro lado, a sétima economia do planeta acabou sucumbindo à má gestão, ao intervencionismo irresponsável; à maquiagem das contas públicas, ao descrédito e à falta de confiança.

Na prática, contamos mais uma década perdida e assistimos uma vez mais ao adiamento do prometido salto de desenvolvimento brasileiro. De país mais promissor entre os emergentes, acabamos praticamente na lanterna do ranking de crescimento. É o terceiro pior desempenho do Brasil em toda a história da República – o governo de Dilma Rousseff só perde para as gestões de Floriano Peixoto e Fernando Collor. A expectativa é que o Brasil cresça este ano pífios 0,5%. E esta nova realidade lamentavelmente começa a atingir a geração de empregos e renda, em claro e perigoso declínio este ano.

Na prática, estamos em recessão. Vemos a paralisia da economia e a inflação alta, que voltou a roubar a mesa dos mais pobres e colocar em risco a estabilidade tão duramente conquistada com o Plano Real.

Em outro campo importante, o da mobilidade urbana e da infraestrutura, a maior parte das promessas ficou mesmo no papel. O que se vê país afora é um verdadeiro cemitério de obras inacabadas, com orçamento muitas vezes multiplicado, fonte inesgotável de corrupção e desvios.

E os escândalos se sucedem, de forma interminável, no coração das estatais e do governo, resultado do drástico aparelhamento do estado nacional e do compadrio instalado no Planalto – um governo dos amigos, para os amigos e pelos amigos.

Ao final de mais esse governo do PT, muito pouco resta a ser contabilizado como avanço. A sensação geral é de que praticamente tudo está por fazer. A agenda principal retrocedeu. Estamos discutindo, de novo, temas e riscos que vencemos vinte anos atrás, quando superamos o ciclo superinflacionário e o desarranjo econômico de então.

O país precisa de um choque de confiança, que passa pelo resgate dos fundamentos que garantiram a estabilidade econômica até aqui – metas de inflação factíveis, superávit primário real, câmbio flutuante e compromisso com a responsabilidade fiscal. E uma nova agenda para resgatar a competitividade nacional, que atualmente se vê atingida pelo desapreço à inovação e à produtividade.

É urgente acabar com a imprevisibilidade e o intervencionismo, que geram insegurança jurídica e afugentam os investimentos produtivos.

Na área das grandes políticas públicas essenciais, o Estado nacional precisa reassumir as suas responsabilidades. O primeiro passo é definir uma nova agenda e determinar as prioridades e metas a serem alcançadas.

Como não há nada mais importante do que a vida das pessoas, nada deve superar as emergências na saúde e na segurança – é preciso recuperar e desconcentrar os investimentos necessários para melhorar a qualidade dos serviços que o poder público presta à população em todo o país.

Os brasileiros exigem uma política nacional de segurança pública, coordenada e conduzida pelo governo federal. E um sistema de saúde mais eficiente e melhor gerido, que só se tornará realidade se desconcentrarmos recursos e descentralizarmos serviços.

É hora de dar um passo além dos programas de transferência de renda, para substituir a gestão diária da pobreza pela sua efetiva superação. Isso nos impõe um compromisso real com os chamados mínimos sociais – habitação decente, saneamento básico, acesso à saúde, educação de qualidade e qualificação de mão de obra para melhorar a empregabilidade da população.

Se o Estado deve se dedicar especialmente a estes desafios onde é insubstituível, precisa também contar com inovadoras parcerias com a iniciativa privada para superar gargalos que se eternizaram na área de infraestrutura e mobilidade urbana.

A busca por um novo ciclo de crescimento sustentado passa por um novo olhar sobre as vocações e potencialidades de cada estado e região, que foram abandonadas no momento em que o atual governo abdicou de planejar o desenvolvimento do país.

Por fim, nenhuma transformação pode ser sonhada com realismo sem um novo modelo de gestão, em que predomine a qualidade do gasto público, a meritocracia, a transparência e o regime da ética pública, pilares de um governo que investe no social, não atrapalha quem produz e entrega serviços de melhor qualidade para a população.

Ao final, voltamos à máxima de Minas: gastar menos com o próprio governo para poder investir mais na população.

Vendo de perto, por onde ando, cada desafio e oportunidade, penso que nada será tão importante para cumprirmos o nosso destino quanto unir o país em torno de suas grandes causas. A causa do fim da pobreza; da erradicação do analfabetismo; da desconcentração de renda e da democratização de oportunidades.

Entre elas, uma das mais relevantes é a do resgate da política como instrumento de transformação da realidade e da vida das pessoas. Acredito que ela demandará a recuperação de crenças e valores que praticamente desapareceram no atual cenário da vida pública nacional. E que os brasileiros nos cobram agora.

Valores que nos remetem a princípios e práticas muito simples, mas cruciais, como decência, honradez, palavra, compromisso, sensibilidade, liberdade, democracia, cidadania, igualdade, sustentabilidade, convergência e transformação.

Pensando neles, concluo: ninguém fará por nós o que é nosso dever realizar.

25

O desejo de ser

O ANO era 1970 – data da primeira Copa de que me lembro. Os jogos começaram e a TV colorida que meu pai disse ter encomendado jamais chegou. Tenho até hoje sérias dúvidas se essa encomenda existiu de fato. Não importa. A categoria do time de Pelé e Cia. coloria a tela. Depois da final contra a Itália, saímos para comemorar no Aero Willys de meu pai, que, disciplinador enérgico, pela primeira vez me deixou sentar no capô do carro. Comemorei muito e, talvez pela primeira vez, entendi o que significava orgulhar-me do meu país.

Quase cinquenta anos depois, na Copa de 2014, a bola nos foi cruel. Perdemos a chance da vitória em casa. Amargamos um resultado triste. A tela da TV, agora colorida e em alta definição, se eclipsou em silhuetas chorosas e crepusculares. A derrota no futebol nos doeu, mas não pode ofuscar no sentimento nacional o anseio por novas vitórias, seja no campo ou, especialmente, fora dele. A verdadeira confiança no futuro não se alimenta de um ufanismo de ocasião.

Ser a sétima economia do mundo é motivo mais do que suficiente para não deixar um país cabisbaixo – não importam as vicissitudes por que momentaneamente passe. Sétima economia, é bom insistir. Devemos isso ao enorme capital de talento, de suor e de afeto que o povo brasileiro investe, com tenacidade cotidiana, em favor de nosso país. Um país que também foi privilegiado pelos recursos naturais e que, num planeta assustadoramente superpovoado por sete bilhões de habitantes, detém cabedal apreciável de fontes de energia renováveis.

É da natureza do sonho ultrapassar as miúdas conquistas do cotidiano, extrapolar as benesses do consumo e do crediário, tão alardeadas pelos mercadores de ilusão do governo, e se deixar transportar pela utopia. É o sonho que, num primeiro momento, nos faz enxergar o país generoso e solidário que queremos e podemos ser. E é o compromisso com esse país que nos ensina, todos os dias, a construir o caminho que pode nos levar até lá.

Amo o meu país. É aqui o lugar do meu sonho e da minha vida.

O Brasil é o meu sonho e o meu compromisso.

Em discurso em sessão solene no Congresso, ao homenagear a memória do meu avô, Tancredo, meu pai citou um trecho de Fernando Pessoa que nunca saiu da minha cabeça nesses trinta anos. Hoje vejo por quê. É assim que, um dia, gostaria também de ser lembrado.

Claro em pensar, e claro no sentir,
É claro no querer;
Indiferente ao que há em conseguir
Que seja só obter;

Dúplice dono, sem me dividir,
De dever e de ser – [...]

Assim vivi, assim morri a vida,
Calmo sob mudos céus,
Fiel à palavra dada e à ideia tida.
Tudo o mais é com Deus!

Impressão	Outubro de 2014
Papel de miolo	Pólen Bold 70g/m²
Papel de capa	Cartão Supremo 250g/m²
Tipografia	Chronicle Text